D1666430

Umschlagbild:
Ausschnitt nach einem Gemälde von
Edward Hopper (1882-1967)
Gas, 1940, Öl auf Lwd, 66,7 x 102,2 cm
The Museum of Modern Art, New York;
Mrs. Simon Guggenheim Fund

Jacques Wirz

Die USA im Rückspiegel

Aufzeichnungen
eines Schweizer
Amerika-Reisenden

Janus Verlag

Der Janus Verlag dankt der Künstlergruppe
'Die Klee-Rikalen' für einen Beitrag an die Druck-
kosten.

Die Deutsche Bibliothek - CIP-Einheitsaufnahme

Wirz, Jacques:
Die USA im Rückspiegel :
Aufzeichnungen eines Schweizer Amerika-Reisenden/
Jacques Wirz. - Basel : Janus Verl., 1995
ISBN 3-7185-0147-3

© 1995 Janus Verlag, Basel
Gestaltung: Beat Trachsler, Basel
Verlagsdatenverarbeitung
ISBN 3-7185-0147-3

Inhalt

Tales of the Grotesque and Arabesque

Auf einer USA-Autotour von vier Monaten, was ungefähr der Dauer einer schweizerischen Rekrutenschule entspricht, also wohl lang genannt werden darf, kommt allerlei auf den Fahrer zu, huscht an ihm vorbei, bleibt noch einen Augenblick im Rückspiegel, und weg ist es. Die Augen des Fahrers richten sich auf Kommendes; Zurückliegendes erhält nur von Zeit zu Zeit einen Kontrollblick. Er erhascht Zufälliges. Das nächste Mal ist es etwas anderes.

Der Blick nach vorn ist neugierig. Der Blick in den Rückspiegel ist es nicht. Alles in Ordnung da hinten? Das allein will der Zurückblickende wissen. In der Richtung, aus der er kommt, alles O.K.? Wenn ja, beruhigt das. Der Fahrer hat den Überblick.

Abends, im Motel, machte ich in einem kleinen Schreibblock ein paar Notizen über das, was ich im Lauf des Tages erlebt hatte. Es war der letzte Blick in den Rückspiegel. Der Versuch, im Wirbel des tagsüber Heranziehenden, sich um mich Drehenden und Zurückweichenden den Überblick zu behalten. Mir bisher Unbekanntes zu dem mir Bekannten zu überschreiben.

Unbekannt gewesen war mir zum Beispiel, was ich am Ende des ersten Reisetages nordwärts von Miami auf dem Zimmer meines Motels gefunden hatte. Auf dem Nachttischchen hatte eine gedruckte Karte gelegen. Ich nahm sie auf und las: „For your comfort and relaxation", zur Entspannung also. „Your bed is equipped with magic fingers." Ein von Zauberfingern ausgeführter Service wurde diskret offeriert. „It quickly carries you into the land of tingling relaxation and ease." In ein Land voll nervenkitzelnder Entspannung und Wohlbehagen sollte ich entführt werden. Und das Märchen aus 1001 Nacht schloss mit der unwiderstehlichen Einladung: „Try it - you'll feel great."

Das war in Lakeland, einem idyllischen Ort. Die weissen Häuschen lagen weit verstreut um einen See, in einem Wald aus dunkelgrünen Bäumen, von deren Ästen lange Bärte aus grauem Spanish Moss hingen. Es herrschte Stille, und durch diese Stille machte ich einen Abendspaziergang. Nur ich. Vielleicht war ich der erste Mensch, der je in Lakeland einen Abendspaziergang gemacht hatte. Die Welt wirkte verwunschen. Ich dachte an die Zauberfinger im Motel.

Endlich traf ich auf ein Lebewesen. Es war ein alter, etwas verloren wirkender Mann in Polohemd und Hosenträgern. Ich hatte das Bedürfnis nach ein bisschen Unterhaltung, und so fragte ich ihn nach dem Postgebäude. Eine unverfängliche Frage. Er gab mir liebenswürdig Auskunft, dann packte er mich plötzlich am Ärmel, schaute links und rechts und flüsterte mir zu: „Be careful!" Er war an eben dieser Stelle, wo wir uns befanden, vor wenigen Tagen von einer Bande jugendlicher Flegel überfallen worden. Sie hatten ihm, als er sich wehrte, die Brille kaputtgeschlagen, und dann hatten sie den Wehrlosen ausgeraubt. Er habe aber Glück gehabt, sonst sei ihm nichts passiert. Und schnell machte er, dass er weiterkam.

Ich tat dasselbe. Von Unbehagen geplagt, kehrte ich ins Motel zurück und schloss mich ein. Die Vorstellung, aus dem Unsichtbaren könnten brutale Fäuste nach mir schlagen, hatte mir die Lust am Lustwandeln verdorben. Wieder las ich die Karte mit der geheimnisvollen Einladung, mich den 'magic fingers' zu überlassen. Im Vergleich zu den Räuberfäusten stellte ich sie mir ungemein lieblich vor. Ich erlag der Versuchung, warf mich aufs Bett und drückte den Knopf, mit dem man die Mechanik bediente. Die Matratze begann leicht zu wackeln. Drei Minuten lang wurde ich zaghaft herumgedrückt und herumgeschoben. Ich dachte an Wackelautomaten vor Warenhäusern für Kinder. Auf denen hatte ich, weil zu früh geboren, noch nie reiten können. Hier wurde mir das Vergnügen unerwartet zuteil. Fühlte ich mich 'great'? Nicht, dass ich wüsste. Ich fühlte mich klein wie gewöhnlich, und klein schlief ich bald darauf ein.

Der Zauber, der dem USA-Anfänger in Florida als Kinderspiel vorgesetzt worden war, verwandelte sich jedoch Wochen später in eindeutigen Ernst. Das war in Las Vegas. Schon der Auftakt liess nicht viel Spielraum für Kindereien. Von Flagstaff in Arizona herkommend, traf ich kurz nach der Abzweigung von der Interstate 40 in einer felsigen Wüstenei auf eine riesige Warntafel am Strassenrand, die in trockenem Humor zu bedenken gab: „There is a last time for everything. Don't let this be your last drive!" Auf Deutsch etwa: Alles nimmt ein Ende. Fahr hier nicht zur Endstation! Ich verstand. Schon früher hatte mich die 'National Highway Traffic Safety Administration' über die Gefahren auf der Strasse informiert: „Someone dies in a car crash every 14 minutes. Someone is injured in a car crash every 11 seconds." Alle 14 Minuten ein Autounfalltoter, alle 11 Sekunden ein Autounfallverletzter! Ich steuerte aufmerksam. Bei zunehmender Hitze. Bei zunehmendem Durst.

An der Strasse über den Hoover-Staudamm, eine mächtige Betonmauer, welche die Schlucht des Colorado-River zwischen dem Black Canyon und dem Grand Canyon sperrt, warteten vor den bei einer Baustelle aufgestellten Verkehrslichtern Autoschlangen. Über den nackten Felsen flimmerte die Luft. Es war Ende April.

Drüben lag Nevada, der Bundesstaat mit dem Beinamen 'The Silver State' und der Angabe im Baxter-Reiseführer: „Wichtige Erzeugnisse: Vergnügen, Glücksspiel."

Und kaum war ich über der Grenze, begann's auch schon damit. Ein erstes Hotel, 'The Gold Strike Inn', prangte zwischen Sand und Steinen in bunten Farben: grellgelb, schreirot, knallblau. Wie wenn in einem Sandhaufen ein glänzend lackiertes Plastikhäuschen liegen geblieben wäre. Aber das war nur der erste Farbakkord zur Farb- und Lichtersymphonie von Las Vegas. Das Riesenhotel Excalibur, eine Hotelburg aus runden Spitztürmen, sah aus wie eine angemalte Morchelzucht. Und als es dunkel geworden war, ich meine am Himmel über Las Vegas, nicht in Las Vegas selber, war es am Strip, der Flanierstrasse entlang den Casinos und Hotels, vom myriaden-birnigen Elektrogeflimmer und Neonzauber immer noch taghell, mit bengalisch beleuchteten Wasserspielen vor dem feenblauen Caesar's Palace und einem flammen-donnernden Wasserfall beim Hotel Mirage, auf dessen rhythmisch getimtes Brausen elektronisches Vogelgezwitscher ertönte. Drinnen in den Palästen, im Flamingo-Hilton oder im Stardust-Hotel etwa, fand ich eigentlich immer die gleichen Menschenmengen, die sich um Nevadas wichtige Erzeugnisse bemühten, bald an Spieltischen, bald an klapprigen Spielautomaten. Wenn ich mich zu erinnern versuche: Es kommt mir nicht ein einziges lachendes oder auch nur heiteres Gesicht in irgendeinem der Säle in den Sinn. Nichts als Spannung, wohl bei den Anfängern. Nichts als Gleichgültigkeit, wohl bei den Routiniers. Nichts als Langeweile, bei den Croupiers.

Auf dem Heimweg ins Motel, es war spät geworden, aber der Menschenstrom floss unverändert weiter, standen dort, wo man die den Strip kreuzenden Nebenstrassen überqueren musste und wo sich darum auf Verkehrslücken wartende Gruppen bildeten, dunkel gekleidete Herren und steckten den Passanten stumm allerlei Papier zu. Auch ich bekam meinen

Teil und verstaute ihn ungelesen in den Kleidertaschen.

Mit einem seltsam unbefriedigten Gefühl, nicht weit von Ekel entfernt, schloss ich meine Motelklause auf und mich ein: Kette, Bolzen, Schloss!

Mein Gott, war ich müde! Vom langen Tag und vom langen Abend! Vor dem Ausziehen leerte ich noch ärgerlich die Taschen von all dem mir aufgedrängten Papier. Ein schneller Blick darauf, ein zweiter! Ich begann, das Zeug auszubreiten, und je länger ich ausbreitete, desto munterer wurde ich. Lauter Call-Girl-Prospekte! Bebilderte! Ein ganzer zoologischer Garten voller Wildkatzen! „Direct to your room in 30 minutes!" Dabei hatte ich mich am Strip noch gewundert, dass mich keine Prostituierten anquatschten. Das empfand ich durchaus als angenehm, und ich hatte den USA ein glänzendes Sittlichkeitszeugnis ausgestellt. Jetzt schaute ich hinter die Kulissen! Sollte ich? Schliesslich wollte ich die USA kennenlernen, wenn möglich von allen Seiten. Aber beim Studieren der Prospekte sah ich: Es ging nicht. Nicht wegen des Preises, gab es doch „discount prices for first time callers". Aber erstens hatte ich ein zu kleines Zimmer, um mehr als 65 Damen zur Auswahl empfangen zu können. Dies aber gehörte offenbar zur Eröffnung der Partie: „Over 65 beautiful girls to choose from!" Und zweitens hatte ich nicht genug Musse für das Vollzeitangebot: „24 hours, 7 days a week, direct to you". Ich wollte noch unbedingt das Death Valley sehen. So verzichtete ich eben und liess es bei den 'magic fingers' von Florida bewenden.

Marc Twain hatte im vorigen Jahrhundert seine Reiseerlebnisse in Europa, Aegypten und Palästina unter dem Titel 'The Innocents Abroad' zusammengefasst, was so viel heisst wie 'Die Unschuldslämmer im Ausland'. Ich sorgte in Las Vegas für das Rückspiel, solo!

Call Girls mieden mich von da an. Dagegen verfolgte mich das Wackeln, das ich vom Bett in Lakeland kannte, mit Beharrlichkeit. Und dabei wurde es immer aufdringlicher. Dass ein Besuch der Universal Studios von Hollywood nicht ohne Gewackeltwerden abgehen würde, war so gut vorauszusehen wie das Gewackeltwerden auf den Rummelplätzen der Welt. Auf der berühmten Tramfahrt durch das Filmstudiogelände wurde ich zusammen mit den anderen Passagieren meiner Wagenkomposition in einer dazu hergerichteten Untergrundstation einem Erdbeben von der Stärke 8,3 auf der Richterskala ausgesetzt, mit allen Begleiterscheinungen einer solchen Katastrophe: Betondecken stürzten ringsum ein, Tramwagen krachten ineinander, Wassermengen fluteten herein und Feuerlohen schossen durch die Trümmer. Das kreischende Gelächter der Herumgerüttelten erfüllte das Versprechen des Prospektes: Die Spass-Skala erreichte Stärke 10. Das Gaudi war auch am Platz, wusste man doch, dass alles Spass war und bleiben würde. Es war Filmzauber, nur dass man ihn auch noch derb zu spüren bekam.

Anders dagegen verhielt es sich mit ähnlichen Vergnügungen in San Francisco, ganz anders sogar, wie mir schien. Hier ging es um die Rekonstruktion wirklicher Erdbeben in einem speziell dafür konstruierten Vorführungsraum. 'The San Francisco Experience' nannte sich die Attraktion im Vergnügungsviertel der Stadt, der Fisherman's Wharf. Mit dem in den USA üblichen Raffinement wurde der Besucher mittels technischer Knalleffekte in einem verdunkelten Raum in die spannungsreiche Geschichte von San Francisco miteinbezogen. Zuschauen genügte nicht, es war unmöglich, ich war voll dabei. Während auf den Leinwänden ringsum authentische Bilder zeigten, wie 1906 San Francisco bei einem Erdbeben in Schutt und Asche sank, grollte Donnerimitation durchs Dunkel, und ein wiederholtes Beben erschütterte die Stuhlreihen der Zuschauer. Bei der Vorführung des Bebens von 1989 wurde dasselbe Spektakel noch angeheizt durch authentische Telefonanrufe von Opfern, die um Hilfe schrien und die man offenbar zu Vorführungszwecken aufgenommen hatte, jedenfalls verwendete man sie dazu. „Feel the earth shake", mit diesem Lockruf wurde grosslettrig geworben in einer Stadt, wo das Spiel jeden Augenblick Ernst werden kann. Aus wirklichem Todeshorror wurde nervenkitzelnder Theaterjux!

Je länger ich derartigen Mystifikationen ausgesetzt war, und sie waren zahlreich, umso gespannter wurde ich darauf, wie Erinnerungsstätten aussehen würden, die das Andenken an Edgar Allan Poe bewahrten, den weltberühmten Klassiker der Horrorgeschichte und einen der ersten Verfasser von Erzählungen im Detektivgenre. Wie würden die Amerikaner den Meister der Mystifikation präsentieren? Mehr und mehr schien es mir nämlich, seine extravaganten Einfälle seien gar nicht so abwegig, wie sie mir zu Hause in der Schweiz vorgekommen waren. Poe hatte nur getan, was das amerikanische Show-Business unterdessen hundertfältig und routiniert trieb: Er hatte in seinen Geschichten mit unserer Sucht nach Absonderlichem raffiniert gespielt. So hatte er beispielsweise als versierter Journalist seine erste Geschichtensammlung unter dem marktschreierischen Titel 'Tales of the Grothesque and Arabesque' herausgebracht. Wie würden die Amerikaner seiner gedenken?

Nun, sie hatten ihn nicht vergessen. Gleich in drei Städten traf ich auf Spuren von E.A. Poe. Das lag an seinem Wanderleben, aber nicht nur. Dass ein Ranger, ein Staatsbeamter in einer Art von Pfadfinderuniform, wie man sie in den Nationalparks trifft, eines von Poe's früheren Wohnhäusern als 'National Monument' hütete, übertraf den Aufwand, den man sich bei den anderen von mir besuchten Dichtergedenkstätten machte. Sonst waren es irgendwelche privaten 'Societies', die das Andenken hüteten. Um Poe kümmerten sich die Vereinigten Staaten selber.

In Richmond, der Hauptstadt von Virginia, war es, wo ich zum ersten Mal auf Anzeichen von Poe stiess. Hier war er aufgewachsen, und da traf ich beim State Capitol auf ein künstlerisch bescheidenes Poe-Denkmal, das ihm ein Arzt 1958 hatte setzen lassen, der offenbar nur den Kriminalgeschichtenverfasser verehrte, wurde doch mit der Inschrift bloss Poe's 'scholarly genius' gerühmt, sein Gelehrtenscharfsinn. Dann aber folgte gleich um die Ecke ein regelrechtes

Poe-Museum. Es war in einem kleinen, alten Haus untergebracht, das aus der Zeit stammte, wo der junge Poe in Richmond lebte, wenn auch nicht in diesem Haus. Drinnen war die Hauptattraktion ein Modell der Stadt Richmond, wie sie damals ausgesehen hatte. Von da stieg ich in den oberen Stock, wo ein Zimmer mit Illustrationen zu Poe's berühmtestem Gedicht 'The Raven', Der Rabe, ausgekleidet war. Mehr war nicht zu sehen. Das war dürftig und, im Vergleich zu anderen amerikanischen Museen, in seiner Dürftigkeit äusserst unamerikanisch. Verstaubt wirkten die Exponate, verstaubt ihre Präsentation, verstaubt wirkte das ganze Haus. Ich war enttäuscht, oder vielmehr, ich wäre enttäuscht gewesen, wenn nicht das Fräulein an der Kasse gewesen wäre und der Führer beim Stadtmodell.

Wo kamen die beiden bloss her? Ohne Biedermeiertracht, ohne Theaterfirlefanz, der in den USA so oft herbeigeholt wird, wenn Vergangenheit vergegenwärtigt werden soll, muteten beide so an, wie wenn sie mit dem seit langem verstorbenen Edgar Allan Poe in einem seltsamen Rapport stünden. Hatte ich mir nicht immer Virginia Clemm, Poe's Ehefrau, so vorgestellt, wie das bleiche Kind aussah, das mir die Eintrittskarte stumm ausgehändigt hatte?

Virginia war bei der Heirat noch nicht vierzehn Jahre alt gewesen, und mit fünfundzwanzig war sie an Tuberkulose, an Schwindsucht, wie man damals sagte, gestorben. Sass sie hier im Entree als liebliches, scheues Schattenbild?

Ein Schemen anderer Art war der Fremdenführer. Aus welcher Erzählung mochte er stammen, dieser seelenlose Leierkasten, der mit erloschenem Blick tonlos seinen Text auswendig hinunterhüstelte? Bei den Atempausen aber stahl sich hin und wieder flüchtig ein irres Lächeln in sein altersgraues Gesicht, undeutbar, ohne Bezug zum Gesagten. Es liess nur die Ferne des Sprechers vom Gesprochenen ahnen. Welch unheimliche Hausbewohner, beide!

In Baltimore fand ich Poe's Grabstein. Hier war Poe 1849 eines Todes gestorben, dessen Hintergründe bis heute mysteriös sind. Man weiss bloss, dass er von Richmond nach New York segeln wollte. Was in Baltimore dem Fund des bewusstlos Betrunkenen vor einer Hafenkneipe vorausgegangen war, weiss niemand.

Neben dem schwarzen Marmorblock, der Poe's Grabstein ist, war eine graue Tafel an der Friedhofmauer angebracht. Der kurze Text meldete auf Französisch, dass Frankreich 1989 damit dem Dichter seine Huldigung dargebracht hatte. Für Baudelaire und Mallarmé war Poe eine Offenbarung gewesen; für den französischen Konsul, der bei der Huldigungsfeier dabeigewesen war, wohl nicht viel mehr als das Objekt einer beruflichen Pflichterfüllung.

So oder so, jedenfalls erinnerten sich auch andere an Poe's Wert. Der Stelle gegenüber, wo der Grabstein im Friedhof stand, prangte an einem Haus auf der anderen Seite der Strasse ein Schild, das den Verkauf dieses Hauses anzeigte, verbunden mit dem Hinweis,

Poe sei hier öfters zu Gast gewesen. Offenbar spekulierte man auf einen Liebhaberpreis für eine verlotterte Liegenschaft. Einmal mehr bestand Aussicht darauf, dass ein toter Dichter mehr Geld einbringen würde als ein lebender. Poe war zu Lebzeiten stets in arger Geldnot gewesen.

In Philadelphia erst traf ich auf ein Haus, in dem Poe zeitweilig selber gewohnt hatte und das zum National Monument erhoben worden war. In einem Vorhaus befand sich die Rangerstation. Sie bestand aus einem Raum mit einer informativen Ausstellung über Poe's Leben und aus einem Raum, in dem Schulklassen arbeiten konnten. Ich war zur Zeit der einzige Besucher, und so hatte ich den Ranger ganz allein für mich. Von ihm geführt, gelangte ich um Winkel und Ecken herum in das zwei Jahre lang von Poe bewohnte Haus. Es war ohne Möbel. Man habe nicht gewusst, wie es möblieren, da es lange vergessen worden sei, sagte der Ranger.

Und so wirkte es, wie wenn jemand eben ausgezogen und noch niemand eingezogen ist. Haften geblieben ist mir nur dieser Eindruck der Leere, zu der der Ranger nichts zu sagen wusste.

Endlich, ich glaube, es war im Keller, erklärte er mir, erleichtert darüber, etwas bieten zu können, dieser dämmrige Raum mit seinen seltsamen Mauervorsprüngen und dunklen Nischen habe Poe zu der schauerlichen Spuk-, Mord- und Totschlaggeschichte von der schwarzen Katze inspiriert. Ich bin mir aber über den Ort, wo er dies sagte, wirklich nicht mehr ganz sicher. Ganz sicher dagegen bin ich mir darüber, dass der von den Vereinigten Staaten in Poe's einstigem Wohnhaus in Philadelphia angestellte Ranger von eben diesen Vereinigten Staaten ausdrücklich den Auftrag erhalten hatte, der das Haus besuchenden amerikanischen Jugend E.A. Poe als tugendhaftes Vorbild vorzuführen. Er sagte es mir mit Stolz, denn er war begeistert von diesem Auftrag. Was mich erstaunte; war es doch, gelinde gesagt, keine leichte Aufgabe. Wer Poe kennt, weiss, dass er kein Tugendapostel war. Für solche, die ihn nicht kennen, rücke ich hier ein paar ins Deutsche übersetzte Zeilen ein. Sie stammen aus der Einleitung zur Penguin Ausgabe von Poe's sämtlichen Werken: „Poe ist wiederholt als ein Sadomasochist, Alkoholiker, Drogenabhängiger und manisch Depressiver geschildert worden. Es steht so gut wie ausser allem Zweifel, dass er ein ruheloser, gequälter und, wie es bei so vielen seiner Gestalten der Fall ist, ein oft an den Rand des Wahnsinns getriebener Mensch gewesen ist."

Da Poe zu den Klassikern der amerikanischen Literatur gehört, ist anzunehmen, bereits die Jugend Amerikas habe von solch düsteren Schatten auf Poe's Portrait etwas vernommen. Die Vereinigten Staaten jedenfalls nehmen es an. Sie hatten darum dem Ranger zur Unterstützung eine Wegleitung geliefert, welche zeigte, was er bei der Reinigung von Poe's Ruf vorzubringen habe. Es war eine reich bebilderte Broschüre, die jegliche moralische Kritik an Poe als üble Nachrede und Verleumdung anprangerte. Und da sämtliche bis dahin veröffentlichte Biographien moralisch nicht Einwandfreies enthielten, wurden sie kurzerhand allesamt als unbefriedigend abgekanzelt. Ob aber je eine befriedigende geschrieben werden könne, so meinte die Broschüre zum Schluss, sei äusserst zweifelhaft angesichts der hundertfünfzigjährigen Verleumdung durch die Poeforscher. „Now the job may never be done", mit dieser düsteren Prognose wurde der Leser aus der Broschüre entlassen.

Die Konsequenz aus diesem Ergebnis war klar: Poe war freizusprechen von der Anklage auf Charakterschwäche, wenn nicht gar auf Perversion. Freispruch aufgrund von Mangel an Beweisen. Weder die Broschüre noch der Ranger begnügten sich jedoch mit diesem Urteil. Für beide stand fest: Poe war ein Unschuldslamm! Vor allem der Ranger wusch mit dem wütenden Eifer des Subalternen jede mögliche Spur eines Fleckens vom Bild seines Schützlings. Hätte er noch gelebt, sein Poe hätte sich bedenkenlos bei den nächsten amerikanischen Präsidentschaftswahlen als Kandidat melden können. Alkohol? Aber nein! Delirien? Ausgeschlossen! Drogen? Nie und nimmer!

Zum Beweis für die Richtigkeit seiner Darstellung verwies der Ranger auf Poe's Schaffen. Nur ein tüchtiger, zuverlässiger, moralisch gesunder Mensch könne das leisten, was Poe geleistet hat, meinte er nachdrücklich. Die Wahrheit dieser Behauptung konnte sogleich getestet werden. Das in der Rangerstation untergebrachte Schulzimmer diente dazu als Labor. Die zuvor von Poe's Reinheit überzeugten Schulkinder konnten ihre eigenen gesunden Kräfte an Arbeiten messen, wie sie Poe vollbracht hatte. Sie würden dabei entdecken, dass ihre solide Gesundheit eine wichtige Hilfe sein würde.

So liess sie der Ranger zum Beispiel eigene Reime schmieden, nachdem sie in der Poeausstellung die virtuose Reimkunst des Dichters kennengelernt hatten. Oder sie fabrizierten eine eigene Zeitschrift, weil sie gehört hatten, Poe habe erfolgreiche Zeitschriftenartikel verfasst.

Einmal mehr stiess ich hier in einem amerikanischen Museum auf eine Do-it-yourself-Ecke, wo nach dem Rezept des grossen amerikanischen Pädagogen John Dewey verfahren wurde: 'Learning by Doing'. Es würde das Selbstvertrauen der Kinder stärken, ihre Unternehmungslust reizen und allerlei Fertigkeiten fördern. Es würde ihnen helfen, lebenstüchtig zu werden, zu Geld zu kommen, vielleicht sogar zu Reichtum. Das Groteske war hier nur: Derjenige, der es zum Meister gebracht hatte in der Disziplin, in der sich die Kinder spielerisch übten, in der Schreibkunst nämlich, war nach weltweiter Meinung selber lebensuntüchtig gewesen. Und selbst, wenn dies nur eine Lüge sein sollte , so hatte Poe doch nicht den amerikanischen Nachweis für Lebenstüchtigkeit erbracht. Ob er mit oder ohne Alkohol gelebt hatte, mit oder ohne Drogen, mochte ein Streitpunkt sein; unbestritten war: Er hatte gelebt ohne 'The Big Money'.

Wie hätte er auch zu Dollars kommen können? Wenn er der Frage nachgrübelte, die unterdessen wohl zu seiner berühmtesten Frage geworden ist:

Is all that I see and seem
But a dream within a dream?

Merkwürdig: Diese Frage fand ich an keiner von
Poe's Gedenkstätten. Was ich dort fand, war nur die
Antwort.

God's Country

Was 'erfahren' ursprünglich heisst, lernt in Amerika so gut wie anderswo, wer mit dem Auto reist: Man fährt, und dabei erfährt man allerhand, vorausgesetzt, man fährt, um zu erfahren. Das tönt nur kompliziert, ist aber ganz einfach; es braucht bloss wache Sinne.

Mit solchen erfuhr ich auf der Fahrt durch Texas, dass ich durch das gelobte Land zog, durch 'God's Country'. Die Ankündigung bewegte sich auf einer grossen Strassentafel im Achtzigkilometertempo an mir vorbei. "This is God's Country, don't drive through it like hell!" stand auf der Tafel, ein Wortwitz, der nicht übersetzbar ist, weil 'like hell' 'wie ein Verrückter' heisst, womit der Kopfstand, den die englische Formulierung bewirkt, ausbleibt: Die Pointe fehlt.

Pointierte Anspielungen auf Religiöses, wie im obigen Beispiel, traf ich mehrmals in den USA. Eine Kultur, die Sorgfalt auf Reklame verwendet, pflegt die Pointe. Sie ist ein beliebtes Reklamemittel, weil sie wirkt, indem sie entspannt und darum als angenehm empfunden wird. Der texanische Werbespruch von God's Country wäre ohne den zweiten Teil, der einem empfiehlt, die Konsequenzen aus dem ersten

Teil zu ziehen, nämlich nicht höllisch durch Texas hindurchzurasen, nichts als bombastisches Kanzelgedonner. Ein sensibler Reisender müsste sich unsicher fühlen, weil er sich fragt, ob er wie Moses besser die Schuhe ausziehen solle. Ein Sündenbewusster würde glatt umkehren. Was hingegen der Nachsatz vom Reisenden verlangt, ist klar und leicht durchführbar, ja, seine Logik leuchtet sogar ein. Das Mysterium 'Gottes Land' wird auf ein menschliches Mass reduziert: Man soll die Geschwindigkeit begrenzen.

Mir fallen zu dieser Art, mit Göttlichem umzuspringen, zwei weitere Beispiele ein. In New York steht an der 59. Strasse, der Central Park South, das bestrenommierte Hotel 'St. Moritz'. Am Sonntagmorgen wird hier ein Champagnerbrunch offeriert. Die Einladung dazu lautet mit ungenierter Anspielung auf die Bibel: "And on the seventh day the St. Moritz invented the heavenly brunch", am siebenten Tag - wir wissen, dass Gott am siebenten Tag alles gut fand; aber nein, das St. Moritz hat sich noch eine weitere Verbesserung ausgedacht - am siebenten Tag erfand das St. Moritz den himmlischen Brunch.

Nun ja, denkt man, das ist eben der Humor eines Nobelhotels. Was aber denkt man, wenn man auf dem Parkplatz der First Presbyterian Church in Natchez am Mississippi entdeckt, dass einem die Bibel bisher fast zehn Prozent der ganzen Wahrheit verschwiegen hat, weil Moses nicht zehn Gebote vom Sinai herunterschleppte, sondern elf? Das elfte findet sich nämlich hier, und nur hier, bei den Presbyterianern von Natchez. Es lautet: "Number eleven:

Thou shalt not park!" Du sollst nicht parkieren! mit dem immerhin entgegenkommenden Zusatz: "except on church business."

Die wenigen Beispiele, meine ich, zeigen, wie Amerikaner - natürlich nicht nur sie, aber sie auch - mit der Religion umgehen: Unermessliches wird auf eine messbare Grösse gebracht. Soviel mir scheint, sind sie sich dabei dieses Eingriffs und seiner Wirkung nicht, vielleicht auch nicht mehr bewusst. Sie vergessen, dass sie das Grosse in verkleinertem Massstab vor sich haben. Sie vergessen die Wirklichkeit, ihnen genügt die Landkarte. Auf Religiöses übertragen, heisst das: Ihnen genügt die Kirche. Sie sind keine Mystiker.

Trotzdem sind sie Individualisten, die auf eigenen Füssen stehen, so dass nicht jedem jeder Schuh passt. Damit einem Amerikaner die Kirche genügen kann, muss sie ihm entsprechen. Von seiner Geschichte her ist es der Amerikaner gewohnt, sich seinen eigenen Lebensraum zu schaffen; dasselbe tut er im religiösen Leben. Vielmehr: Die religiöse Selbständigkeit ging der politischen voraus. Der frühe Kolonist schuf sich in Amerika seinen eigenen religiösen Lebensraum. Oft war er nur deshalb ausgewandert, weil ihm der Wunsch nach einem solchen in Europa nicht erfüllt worden war. Die berühmte Freiheitsglocke in Philadelphia, die 'Liberty Bell', die in einem Pavillon ausgestellt und dort von Freiheitsschwärmern umlagert wird, trägt eine Inschrift aus dem Jahre 1751, als die Kolonisten noch heilfroh über den Schutz der Engländer gegen die Franzosen waren und politische

Freiheitsgelüste noch ein Luxus gewesen wären. Das Wort 'Freiheit', das in der Inschrift vorkommt, bedeutete damals ausschliesslich Religionsfreiheit: "Proclaim Liberty throughout all the land unto all the inhabitants thereof", so hiess die Botschaft des Glokkenklangs: Verkünde Freiheit über das ganze Land - gemeint war der Staat Pennsylvenia - all seinen Bewohnern.

Die Saat der inzwischen in die amerikanische Verfassung aufgenommenen Religionsfreiheit, oder besser, einen winzigen Teil davon, erntete ich an einem trüben Regentag auf der Fahrt von St. Louis nach Südosten, indem ich an diesem Tag Kirchen 'sammelte'. Ich hätte mein Sammeln von Kirchen irgendwo in den Staaten durchführen können; es kam mir an diesem trostlosen Tag bloss darum in den Sinn, weil es nicht möglich war, sich mit etwas anderem zu unterhalten. Dass bei der Menge und Vielfalt der Kirchen, an denen man auf Reisen durch die USA vorbeikommt, diese ein lohnendes Sammelobjekt ergeben würden, war mir schon längst aufgefallen. Bei meiner Arbeit verfuhr ich grosszügig. Es gelang mir nicht, ein leidenschaftlicher Kirchensammler zu werden. Ich liess manche aus, auch werde ich manche übersehen haben.

Die Reise führte an diesem Tag durch das wenig respektvoll als 'American Bottom' bezeichnete Tiefland zwischen dem Mississippi und den ersten flachen Hügeln im Osten; sie endete im Dreiland, dem sogenannten 'Tri-State', in der Ecke zwischen Illinois, Kentucky und Indiana. Es ist eine ausgesprochen ländliche Gegend, mit kleinen Siedlungen und sogar bei starkem Regen erahnbaren landschaftlichen Reizen; trotzdem dürfte der wunderschöne Kosename 'Blossom City', Blütenstadt, für ein immerhin 'Red Bud', Rote Knospe, genanntes Provinzkaff übertrieben sein. Im übrigen findet sich hier allerlei für Amerika Bezeichnendes: eine auffällig grosse Zahl von Chiropraktikern ebenso wie die bei Apotheken nicht seltene, hoffnungspendende Bezeichnung 'Health Mart', Gesundheitsmarkt und andere Hinweise darauf, dass auch in Amerika die Menschheit leidet. Guter Boden also auch hier für den Anbau christlicher Nächstenliebe.

Und so fehlt es denn auch nicht an zahlreichen Kirchen. Interessant ist dabei die Vielfalt. Mein Kirchenverzeichnis, das ich an diesem Tag anlegte, enthält jede Variante nur einmal, über die Menge der angetroffenen Kirchen gibt es keine Auskunft. Auch wird die Reihenfolge nicht von der Bedeutung der Kirchen bestimmt, sondern sie richtet sich nach einem Verfahren, das in Theaterprogrammen für die Auflistung der Schauspieler verwendet wird: Sie erscheinen in der Reihenfolge ihres Auftretens.

Denn das Erscheinen dieser Kirchengebäude war deutlich ein Auftreten. Jede Kirche wies an der Autostrasse mit einem grossen, weissen, schwarz beschrifteten Brett auffällig auf sich hin. Neben dem Namen der Kirche stand darauf, dass der Passant willkommen sei, und nicht selten befand sich vor diesem Hauptsignal ein Vorsignal, die Kirche sei 'one mile ahead'. So fuhr ich vorbei an einer Lutheran

Church mit der Versicherung, es handle sich hier um die 'Church of the Hour', an einer Church of Christ, einer St. John's Lutheran Church, mit dem Zusatz 'Chicken Dinner here', an einer First Babtist Church, einer United Methodist Church, handlich abgekürzt UMC genannt, an einer St. Mary's Catholic Church, mit Zeitangabe der Messe, einer First Presbyterian Church, mit Präzisierung 'Sunday School 9 a.m., Morning Worship 10.15 a.m.'. Ich fuhr vorbei an einer Peace Evangelical Lutheran Church, mit Hinweis auf die Bibelstelle Johannes 3.16 und der Quintessenz daraus: 'Christus, der Anker in den Lebensstürmen', einem Calvary Temple, einer Assembly of God und einer Grace Bible Church. Dann folgte eine weisse Riesenbretterwand, gross wie ein Haus, und verkündete in schwarzen Riesenlettern: "Marriage is a bond till death, adulterers God will judge", die Ehe ist eine Bindung bis zum Tod, Ehebrecher wird Gott aburteilen. Hebräerbrief. Die Warnung stand etwa drei Meilen vor einer Mennonite Church, der Mennonitenkirche auf dem Mount Pleasant. Beim Versammlungsgebäude selber, einem einfachen weissgestrichenen Bretterhaus, stand die Losung: "Choice, not chance, determines destiny", ein deutlicher Hinweis an den Passanten, dass er die Glaubensgemeinschaft der Mennoniten wählen soll, wenn er sein Schicksal selber in die Hand nehmen will. Es folgten eine Missionary Babtist Church, mit der etwas zweideutigen, weil über dem Friedhofeingang plazierten Einladung: "Pleasant Grove Missionary Babtist Church welcomes you", eine Mount Zion Baptist Church sowie eine Pentecostal Church. Dann ein Resurrection Center, ein Auferstehungszentrum, eine unglückliche Bezeichnung, weil der Name Assoziationen zu einem Sportzentrum weckt; eine Christian Church, eine Apostolical Church, eine General Baptist Church und die Kingdom Hall of Jehovah's Witnesses, die Königreichshalle von Jehovahs Zeugen. Wenn man, von diesem majestätischen Namen verführt, sich darunter einen Dom vorstellt, irrt man sich. Wie fast überall, war der Bau auch hier unscheinbar.

Die Funktion dieser zu Stadt und Land über die USA breitgestreuten religiösen Versammlungslokale ist es, Menschen zu Gemeinschaften zu verhelfen, ihnen einen Ort zu bieten, wo sie sich treffen, sich um eine bestimmte gemeinsame Lehre scharen können. Es sind, soweit ich das beurteilen kann, eine Art Vereine, in denen das Mitglied auch allerlei Gelegenheiten zur Selbstbetätigung findet. So können aus Arbeitsgemeinschaften Verbindungen entstehen, die über die Kirche hinaus halten, wie ich das an jener Professorengruppe aus Evansville in Indiana beobachten konnte, die zu ihrem privaten Kränzchen nicht etwa durch ihre Bekanntschaft im Dozentenzimmer der Universität gelangt war, sondern durch ihre Betätigung oder die ihrer Frauen in der von allen besuchten Lutheran Church.

Den besten Einblick in dieses kirchliche Vereinsleben erhielt ich an Pfingsten. In einem winzigen, verlochten Wäldernest in Kentucky besuchte ich den Pfingstgottesdienst in der dortigen First Church of God. Ich hatte an diesem Tag das Bedürfnis nach einer erbaulichen Predigt, wurde aber schwer enttäuscht. Es fand gar kein Gottesdienst statt, keiner jedenfalls nach meinen Vorstellungen; es war eine Vereinsversammlung, an der der Jahresbericht verlesen und mit viel Unterhaltungsbeiwerk jeder, welcher der Kirche das Jahr über behilflich gewesen war, mit einem Preis ausgezeichnet wurde. Dabei füllten die Preisträger die rechte Seite vom Mittelgang aus, die anderen, die leer ausgingen, weil sie nichts geleistet hatten, die linke Seite. Die Aufstellung und Belohnungsszene wirkte wie eine Hauptprobe für das Jüngste Gericht. Und wie dort war auch hier ein Verzeichnis da, in dem, für alle sichtbar, die Bilanz stand: Kirchenbesuch heute: 83 %, letzten Sonntag 91 %. Kollekte heute 890 Dollars, letzten Sonntag 1'500 Dollars. Diese Geldsummen waren für mich unwahrscheinlich hoch, denn, wie gesagt, die Gemeinde war winzig.

Ein ähnliches Vereinsleben konnte ich bei den Mährischen Brüdern in Lititz in Pennsylvania beobachten. Der Gottesdienst am Vatertag - in Amerika gibt es neben dem Muttertag auch einen Vatertag, ich nehme an, der Geist der Verfassung verlangt das, weil er Gleichberechtigung vorschreibt, - dieser Gottesdienst war ein Gemeindefest vor der Kirche auf dem Rasen. Die Erwachsenen sassen viele Reihen tief im Halbkreis um die den Vatertag preisende Predigerin, während zwischen den Stühlen auf ausgebreiteten Picknickdecken die Kinder Bilderbücher anschauten oder spielten. Anschliessend erfolgte ein ausgiebiges Festessen im Freien.

Ein schönes Zusammengehörigkeitsgefühl war auch spürbar in der Martin Luther King Memorial Baptist Church in Montgomery in Alabama, an der der berühmte Bürgerrechtler gepredigt hatte. Ich war etwa eine halbe Stunde vor Beginn des Gottesdienstes schon dort, um zu sehen, ob ich dazu passen würde oder nicht, ob es ratsam sei, hinzugehen oder nicht. Der Raum für den Gottesdienst war im ersten Stock der schlichten Kapelle, darunter war ein Versammlungsraum, in dem sich schon viele Schwarze befanden; es waren nur Schwarze anwesend, obwohl das Gotteshaus in keinem Schwarzenviertel, sondern nahe beim Kapitol steht. Alle waren äusserst korrekt, ja elegant gekleidet: die Männer in schwarzem Anzug, die Frauen in vornehmer Schlichtheit. Ich fragte einen Herrn, der mir ein gewisses Ansehen zu haben schien, ob ich in meinen Touristenkleidern zum Gottesdienst kommen könne. Er musterte mich kurz und gab mir zu bedeuten, es sei in Ordnung. Aber der Ton, mit dem er es sagte, drückte etwas anderes aus. Ich eilte darum zu meinem in der Nähe parkierten Auto, wo ich schon alles für einen Kleiderwechsel vorbereitet hatte, und zog mich schnell um: weisses Hemd, Krawatte, Blazer, beige gebügelte Hose, saubere, leichte Schuhe. Dann besuchte ich den Gottesdienst und war und blieb der einzige Weisse. Beim Abendmal kredenzte der Herr, den ich nach der Kleidung gefragt hatte, den Wein. Jedem Teilnehmer wurde seine Portion in einem separaten Plastikbecherchen gereicht, und der das Tablett mit den Becherchen Tragende trug weisse Handschuhe. Als mein Bekannter bei mir vorbeikam, tupfte er mir leicht auf die Achsel und sagte freundlich: "Thank you." Er schätzte es, dass ich die Gemeinschaft respektierte, indem ich mit meiner Kleidung Zugehörigkeit bekundete.

Fast ist man versucht zu sagen: Wo eine Kirche ist, ist eine Gemeinschaft. Und wo keine ist? Ergreift den Amerikaner Unbehagen, wenn sie fehlt? Deutet er ihr Fehlen als einen Mangel an menschlichem Zusammenleben, an sozialem Verhalten, wie das heute heisst? Es wäre zu vermuten, wenn das Experiment sich machen liesse. Bei dem Überangebot an Kirchen ist es wohl kaum durchführbar.

Nur einmal, weiss ich, gab es einen Ort, da gab es keine Kirche. Mit allen amerikanischen Zeigefingern wird noch heute auf diesen ruchlosen Ort hingewiesen, oder vielmehr auf seinen Namen, denn er ist das einzige, was davon übriggeblieben ist: Wie Sodom und Gomorrha ist auch dieser Sündenfleck verschwunden. Nicht einmal eine Schauerballade wie die von Uhlands fluchendem Sänger gibt Kunde davon. Nur ein Historical Marker, eine Metalltafel an Amerikas einsamster Strasse mitten durch Nevada, berichtet trocken von der einstigen Stadt und der daraufhin zerfallenden Ghosttown und der jetzigen leeren Stätte. Die Stadt hiess Wand. Sie boomte von 1876 bis 1882, sechs Jahre lang; auf ihrem Glanzpunkt zählte sie 1'500 Einwohner, Seelen wäre wohl der falsche Ausdruck. Der Marker weiss zu berichten, Wand sei ein eher gesetzloses Goldgräbercamp gewesen, früh sei es zu Mord und Totschlag gekommen. Für rächende Gerechtigkeit hätten eine Selbsthilfegruppe und der Galgenstrick gesorgt: "A vigilante committee and the hanging rope." Es sei jedoch kein Wunder gewesen, liest man auf dem Historical Marker, dass es hier drunter und drüber ging: "No movement was ever started to build a church." Amerikaner sehen wohl in dieser Unterlassung nicht die Folge der Verrohung, sondern eher den Grund dazu: keine Kirche, keine Gemeinschaft, nicht umgekehrt.

Zur Theorie von der gemeinschaftsfördernden Kirche passt es, dass sich die einsamste Amerikanerin, die ich traf, zu keiner Kirche zählte. Ich musste mir den Weg zu ihr gewaltsam bahnen, so verstellt und am Schluss von einer beim Öffnen klemmenden Türe versperrt war er. Ein Schild mit dem Namen 'Visitors' Center' hatte mich angelockt. Es war am Rose Hotel in Elizabethtown in Illinois angebracht, einem 1812 erbauten Haus an der Biegung eines riesigen Stromes. Ich hatte bei meiner Ankunft die Strassenkarte schlecht im Kopf und wusste nicht, was für einen Fluss ich vor mir hatte. Statt die Karte zu konsultieren, wollte ich, auf einen kurzen Schwatz hoffend, Auskunft im Auskunftsbüro, dem Visitors' Center, holen.

Als ich die Tür gewaltsam aufgedrückt und mich durch den Spalt geschoben hatte, befand ich mich in einem mehr leeren als möblierten, hohen, weiten und dunklen Raum mit hochgelegenen Fenstern. In einer Ecke entdeckte ich eine bei einer brennenden Lampe sitzende alte, ich meine sogar, sehr alte Frau. Sie hatte das Gesicht über einen Tisch gebeugt und blieb sitzen. Sie konzentrierte sich auf, ich konnte nicht sehen, was. Beim Nähergehen stellte ich fest, dass es ein Kreuzworträtsel war, dass sie es zu lösen versuchte und dass ich deshalb störte.

Von Störung konnte allerdings nicht mehr die Rede sein, kaum hatte ich mich ihr vorgestellt und sie dabei gehört, dass ich Schweizer, Durchreisender und Ratsuchender sei. Sie hatte von all diesen Eigenschaften keine erwartet, am wenigsten wohl die dritte. Hier nach Elizabethtown komme nie jemand fremder, sagte sie. Was übertrieben war. Das Gästebuch, in das sie bei meinem Namen ein Kreuz malte, um meinen Seltenheitswert anzugeben, war nicht leer. Dann aber wurde sie mädchenhaft geschäftig und aufgeweckt, eilte zum fernen Gestell mit den Prospekten, las schnell eine Anzahl heraus und übergab mir das Papierbündel. Welcher Fluss das draussen sei? Es sei der Ohio. Welche Muttersprache ich denn spreche? Ob ich auch Französisch könne? Sie habe es in der Schule lernen müssen, vor langer Zeit, sie habe alles vergessen, viel sei es ohnehin nie gewesen, dafür viel Angst vor dem Lehrer. Einmal habe er zu ihr gesagt, sie solle ans Fenster gehen; auf Französisch habe er es gesagt, und sie habe es nicht verstanden, es sei schrecklich gewesen, 'horrible'. Und ja, auch der Fluss sei schrecklich. "Sometimes the river is angry, sometimes friendly", sagte sie. Sie sei aus dieser Gegend und habe sie gern. Sie habe auch eine Tochter. Ja, es gebe hier viele Kirchen und Sekten. Ihre Tochter sei Lutheranerin, sie selber sei nichts, sie gehöre zu keiner Kirche.

Sie sagte dies ohne Änderung im Tonfall, leichthin, wie alles. Es schien alles weit hinter ihr zu liegen, als berichtete sie über jemand anders von anderswo.

Von einem Ort weit hinter der Welt von heute scheinen auch Spuren zu kommen, die aus der Naturreligion der Indianer stammen. Zusammen mit den Indianergemeinschaften sind auch deren Religionen zerschlagen worden.

Was in den Isolationsräumen der Reservate lebt, ist kulturell weitgehend abgestorben. Es ist ohne Verbindung zur Arbeitswelt und ohne Auswirkungen auf den Alltag, auch beim Indianer, da er die Lebensformen und Gewohnheiten des weissen Amerikaners angenommen hat. Die Art, die Natur zu sehen, wie sie das Kind noch zu sehen gewohnt ist und wie sie die Naturvölker sehen, nämlich belebt, schafft keine Gemeinschaft mehr, sie isoliert. Wer heute noch ernsthaft sagen kann: „Sometimes the river is angry, sometimes friendly", manchmal ist der Fluss zornig, manchmal freundlich, gehört, wie die alte Frau es sagte, zu keiner Kirche mehr. Solch mythisches Erleben verzieht sich, wenn es sich nach der Kindheit nicht verliert, in alte, eigenbrötlerische Gemüter an einsamen, vergessenen Orten. Christliche Kirchen hüten sich davor, solche Anschauungen in ihre nichtindianischen Gemeinschaften aufzunehmen, wie die Schlagzeile in der 'Salt Lake City Tribune' vom 16. Mai 1992 zeigt: „Methodists refuse to use Tribal Ritual in Worship", die Methodisten lehnen es ab, Stammesriten in ihren Gottesdienst aufzunehmen. Die Indianer selbst sind gegen die Expandierung ihrer spärlichen Kultreste in nichtindianische Kreise. Sie fürchten, die schon bei ihnen geringe Gemeinschaftskraft der indianischen Einsprengsel im christlichen Gottesdienst würde sich unter Nichtindianern gänzlich verflüchtigen. Das Unvereinbare zwischen Indianerkult und christlichem Kirchenleben macht es den Native Americans, wie man die Indianer nennt, wenn man ihre Gefühle schonen will, schwer, sich in eine nationale Gemeinschaft zu integrieren, die auf dieser christlichen Gemeinschaft basiert.

Schwierigkeiten mit diesen christlichen Gemeinschaften brauchen aber nicht nur Indianer zu haben. Es liegt im Wesen von Gemeinschaften, dass sie sich selber Schwierigkeiten schaffen. Nicht nur gehören zu allen Gemeinschaften Störenfriede, die ihre Harmonie trüben; es finden sich auch ebenso oft Gesinnungsterroristen, die die Harmonie erzwingen.

Einer, der diese Probleme durchschaute, war Roger Williams, der Gründer des Rhode-Island-Staates. Sein Verlangen nach religiöser Gewissensfreiheit machte ihm das Leben in der Gemeinschaft nicht leicht. Zuerst legte er sich mit den Eiferern an, denen die Gemeinschaft nicht genug Zwang auf das Individuum ausüben konnte und die darum die Kirchengemeinschaft mit der Staatsgemeinschaft verbanden. Er selber wurde als Unbotmässiger ausgestossen. Dann aber wurde er auch in seiner neuen, vom Staat losgelösten Kirchengemeinschaft zum Störenfried, in der von ihm gegründeten Stadt Providence, weil sein Gewissen die Ruhe einer kompromissbereiten Kirchengemeinschaft nicht ertrug. Ich müsste mich schwer täuschen, wenn die Gewissensspannungen zwischen ihm und der von ihm gegründeten Gemeinschaft am Schluss nicht dazu führten, dass ihm nichts anderes übrig blieb, als auf jedes weitere Wirken in der Gemeinschaft zu verzichten und allein nach seinem eigenen Gewissen zu leben.

Es sind eben schon immer weniger 'Saints' und mehr 'Strangers' in den Kirchengemeinschaften gewesen. In diese zwei Klassen, 'Saints' und 'Strangers', unterteilten die Pilgerväter bei ihrer Überfahrt von England nach Amerika die Passagiere auf ihrem Schiff, der Mayflower. Die Pilgerväter waren jener Trupp von rund fünfzig puritanischen Auswanderern, die 1620 den Grundstein zu den Neuenglandstaaten legten. 'Saints' nannten sie sich, 'Strangers' waren die andern.

Diese andern, damals auf dem Schiff etwa die Hälfte der Reisenden, haben sich offenbar seither besonders stark vermehrt. Ein Prachtsexemplar von einem Stranger hatte ich an der Ostermesse in der Missionskirche von San José in San Antonio, Texas, neben mir. Zwar war ihm die Messe eine Herfahrt von neun Stunden wert gewesen, aber sein Kopf war davon so entleert, dass er nur noch ein paar Dummheiten darin behalten konnte und dauernd alberne Spässe machte. Als der Priester uns feierlich mit Weihwasser besprengte, fragte er halblaut, womit wir in der Schweiz besprengt würden. Ob mit Kuhmilch?

Auch in der St. Paul's Church in New York, der ältesten Kirche in Manhatten, ist mit Strangers zu rechnen. Es ist peinlich, aber sicher unerlässlich, im Eingang schriftlich vor Mitbrüdern und Mitschwestern warnen zu müssen: „Please keep your belongings with you at all times." Bitte alle persönlichen Effekten jederzeit auf sich tragen.

Aber auch die Anwesenheit von Eiferern, von Gesinnungsterroristen, ist nicht auszuschliessen. Ich spürte ihren Einfluss da und dort. Irgendwo in Tennessee wurde am Strassenrand eine Buchhandlung angekündigt: „One mile ahead", hiess es, „Christian Bookshop". Das allein machte aus der nächsten Meile noch keinen neuen Lebensweg. Dass aber die letzte Meile vor der christlichen Buchhandlung nicht als irgendeine Meile unter tausend anderen Meilen zu verstehen war, sondern eine besondere, die eine neue Lebenshaltung forderte, zeigte der die Anzeige unterstreichende Befehl: „Prepare to meet God!"

Noch aufregender war die Frage, die mir kurz danach bei einer Kirche auf einem grossen Plakat gestellt wurde: „Could you pass an entrance examination for heaven today?" Könntest Du eine Aufnahmeprüfung für den Himmel heute bestehen?

Ich weiss, ich hätte umdrehen und zurückfahren müssen zur christlichen Buchhandlung, um mich unverzüglich vorzubereiten. Ich weiss, das oder Ähnliches wurde von mir erwartet. Denn ich weiss, dass ich so, wie ich dahergefahren kam, im Himmel durchgefallen wäre. Nach Ansicht der Fragesteller todsicher!

Aber ich erinnerte mich rechtzeitig an ein anderes Brett bei einer Kirche; dessen Befehl hatte mir mehr eingeleuchtet als die beunruhigende Frage in Tennessee. Er hatte mich gewonnen und bewogen, mich seither zur Gemeinschaft dieser Kirche zu zählen. Es hatte sich um die Frontier Babtist Church in Bracketville in South Texas gehandelt. Der Text auf dem Brett davor hatte gelautet: „Love Life" - liebe das Leben!

Glory Hallelujah

„Things are no longer as they used to be!" sagte einmal ein junger Geschäftsmann zu mir. Er hatte nach Arbeitsschluss in Central Washington D. C. mit vielen anderen Leuten in einer Untergrundbahnstation auf die Heimfahrt gewartet. Im tadellosen Strassenanzug, mit weissem gestärktem Hemd, distinguierter Krawatte und Aktenköfferchen. Und dabei war er Zeuge davon geworden, wie mich ein junger Flegel in schmutzigem T-Shirt, schlampigen Bermudahosen und über ausgetretenen Sneakers herunterhängenden dreckigen Socken mit der Hand beim Vorbeigehen mutwillig in den Bauch gestossen und dann angepöbelt hatte, bis ich mich missbilligend von ihm abwandte. „Es ist auch nicht mehr, wie es einmal war", hatte der Geschäftsmann gesagt. „Ja", hatte ich achselzuckend geantwortet, „vielleicht. Wenn wir nur wüssten, wie es einmal war." In der Tat, wenn wir das nur wüssten.

Was Amerika betrifft, sollte ich es eigentlich wissen. Gelegenheit hatte ich dazu. Als ich 1945 als erstsemestriger Student, also Nichtschwimmer, in das bodenlose Wasser des Englischstudiums an der Universität Basel stieg, lernte ich schnell schwimmen, wie man sagt, wenn man meint, dass man eigentlich untergeht. In der Vorlesung über 'The History of American Literature' von Professor Henry Lüdeke, einem Amerikaner, mit stupender Sachkenntnis, in gleichgültigem Ton auf Englisch heruntergeleiert, grapschte ich nach Treibholz, erwischte aber zu wenig, um an der Oberfläche zu bleiben. Nach einem Semester hatte ich von amerikanischer Geschichte den gleichen Eindruck, wie ihn ein amerikanischer Geschichtsprofessor, dem ich auf meiner Amerikareise begegnete, von der Schweizer Geschichte hatte. "Oh, it's complicated!", war seine Entschuldigung dafür, dass er nichts wusste.

Erst vor meiner späten Reise in die USA - ich bin unterdessen pensioniert worden - las ich mit grossem Gewinn Lüdekes 'Geschichte der amerikanischen Literatur', eine Zusammenfassung seiner zweisemestrigen Vorlesung. Was ich schon bei dem schwerverständlichen Wortgeplätscher an der Uni vermutet hatte, bestätigte sich: Lüdeke war ein brillianter Kenner seiner Materie gewesen, und die Zusammenfassungen, die das Buch zwischen vielen Details bietet, verraten einen klugen Kopf. Von Lüdeke erfuhr ich, dass ich mich bei den Amerikanern auf ein grosses Interesse an der Geschichte ihres eigenen Volkes gefasst machen müsse. Im Anschluss an seine Ausführungen über Cooper's Lederstrumpfgeschichten, die Lüdeke als historische Romane im Stil Sir Walter Scott's interpretiert, las ich: „Cooper hatte mit seinen Erzählungen einen der wesentlichen Züge des amerikanischen Charakters berührt, denn kein Volk ist so historisch gesinnt wie das amerikanische, und keines hat im Verhältnis zu seinem Alter so viel über seine

Vergangenheit geschrieben." Und ferner: „Das historische Interesse, vom Bürgerkrieg von neuem mächtig angefacht, ist in Amerika im Gegensatz zu Europa bis auf den heutigen Tag wach geblieben." Dieser 'heutige Tag' gehörte damals, als das Buch geschrieben wurde, dem Jahre 1952 an, aber die Feststellung gilt wohl immer noch.

Fragen wir also die Amerikaner selber, wie es früher bei ihnen war. Und da, wie zwei Engländer, die Verfasser des ulkigen Geschichtsbuchs '1066 and All That' ganz richtig definieren, Geschichte ja nicht das ist, was sich abgespielt hat, sondern das, woran man sich noch erinnert, dürfen wir uns ruhig an ihre Erinnerungen als sichere Begleiter in ihre Vergangenheit halten.

Wie man von der Sagenforschung weiss, sind Erinnerungen an Vergangenes, je verschwommener, desto hartnäckiger, an gewisse Schauplätze gebunden, und so gibt es auch in den historischen Erinnerungen der Amerikaner ein Netz von Punkten über ganz Amerika, wo etwas passiert ist. Sie sind markiert und werden aufgesucht, oder es wird zumindest bei den Markierungen kurz angehalten, wenn sie unvermutet bei der Durchreise auftauchen. In den Zwischenräumen zwischen diesen Punkten gibt es keine Geschichte. Es ist die Rede von den jedem Autoreisenden in den USA bekannten 'Historical Markers', am Strassenrand aufgestellten, festen Metalltafeln aus Gusseisen mit knappen, nüchternen Texten aus schweren reliefartig vorstehenden Buchstaben. Einige hundert Meter vor einer solchen Tafel steht der Hinweis: 'Historical Marker ahead', damit man das Tempo rechtzeitig zurücknehmen kann. Bei der Hinweistafel selber befindet sich ein kleiner Parkplatz zum Anhalten.

Stösst man auf solch eine einsame Tafel nach langer Fahrt durch die leeren Weiten des Westens, etwa auf der Chihuahua Road im südlichen Texas entlang dem Rio Grande zwischen San Antonio und El Paso, und steht man dann allein vor nichts als der Tafel, die von menschlichem Leben an dieser Stelle berichtet, ohne dass die geringste Spur davon im Blickfeld liegt, so überschleicht den Leser ein merkwürdiges Gefühl der Verlassenheit und Vergänglichkeit. Es braucht kein Hinweis auf eine sogenannte Ghosttown, eine Geisterstadt, zu sein, dass einem gespenstisch zumute wird; es genügt ein Text wie der folgende, dass man schwer atmet: „Dolores Stadtareal. 1833 brachten John Charles Beales, Impresario für siebzig Millionen Morgen Land, und ein Partner neunundfünfzig Siedler hierher, um eine Stadt zu errichten, die den Namen von Beales' mexikanischer Frau tragen sollte. Indianerüberfälle und Dürre forderten ihren Zoll. 1836 brachte den Todesstoss. Die Gruppe floh vor der mexikanischen Armee" - Texas wollte sich von Mexiko abspalten - „alle ausser sieben wurden von Comanchen getötet." Die Comanchen waren ein gefürchteter Indianerstamm im Süden, gefürchtet, weil sie sich gegen die Einwanderer zur Wehr setzten.

Wie solche und ähnliche Erinnerungen an Grausames in der Bevölkerung nachwirken, wurde für mich in Utah greifbar. Eine gute Wegstrecke abseits von der

Strasse, am Rand eines verlassenen Canyons, fand ich, worauf der Historical Marker hingewiesen hatte: Ein grosser schwarzer Steinblock stand aufgerichtet zwischen allerlei niedrigem Wüstengestrüpp als Erinnerung an einen Vorfall, dessen Name auf der Tafel an der Strasse gestanden hatte: „Gunnison Massacre". In der nächsten Ortschaft fragte ich eine alte Frau - das einzige Lebewesen auf der in der Sonne gleissenden Strasse, es war High Noon-Stimmung in der Siedlung - was es mit diesem Namen auf sich habe. Ihre scheuen Blicke sagten mehr als ihre Worte. „Indianer", seufzte sie, „Frauen, Kinder, sie haben alle umgebracht." Dann wackelte sie mümmelnd mit ihrer Einkaufstasche weiter.

Den wahren Sachverhalt erfuhr ich zufällig kurze Zeit später. Ich besichtigte das nahe gelegene Fort Deseret. Der Staat Utah hiess zuerst Deseret. Das Fort hatte ein Geviert gebildet von aus Stroh und Lehm errichteten Wällen, welche die frühen Siedler zum Schutz ihres Viehs und ihrer Pferde vor diebischen Indianern errichtet hatten. Wenige Überreste zeugten von den etwa 130 Jahre zurückliegenden Schutzmassnahmen. Drei Herren stiegen während meines Rundgangs aus einem Auto, lasen kurz den Historical Marker, lachten amüsiert, knipsten und wollten eben wieder einsteigen, als ich sie um eine Erklärung zum Gunnison Massacre bat, falls sie es kennten. Und ob sie es kannten! Es waren drei Geschichtsprofessoren auf einer historischen Exkursion. Ein Eisenbahningenieur, der dort Land vermessen hatte, sei von Comanchen getötet worden, sagten sie, weil die Indianer glaubten, so den Eisenbahnbau verhindern zu können. Kein Wort von einem Frauen- und Kinderschreck.

Aber der Unheil verkündende schwarze Stein verfolgte mich und tauchte viele Tagereisen entfernt im Mittelwesten wieder auf. In St. Louis stiess ich im Expansion Museum ganz unerwartet erneut auf ihn. Dieses Museum liegt vergraben im Boden unter dem riesigen Gateway Arch, dem weithin sichtbaren Merkmal von St. Louis. Mit Kurzvorträgen und Demonstrationen, von Rangers präsentiert, dokumentiert das Museum die Erschliessung der westlichen Hälfte des Kontinents, die weitgehend von St. Louis aus erfolgte. Zur wirkungsvollen Ausstellung gehören riesige Photowände mit prachtvollen Naturaufnahmen von Landschaften, durch die die Lewis- und Clarkexpedition zog auf ihrer Erkundungsreise den Missouri hinauf. Nicht mehr Photographierbares, weil unterdessen Verändertes, wird in aufschlussreichen Texten beigefügt, etwa William Clarks Tagebucheintrag vom 30. Juni 1805: „Grosse Mengen von Büffeln in jeder Himmelsrichtung. Ich schätze ungefähr 10'000 auf einen Blick." Heute wissen wir: Von den damals 60 Millionen Bisons überlebten bis 1889 weniger als tausend.

Zwischen dieser Tagebucheintragung eines staunenden Weissen und einem anderen, ebenfalls im Expansion Museum vorhandenen Text, dem eines Indianers, besteht ein trauriger Zusammenhang. Dieser andere Text besteht ausWorten des Indianerhäuptlings Mahpina Luta, was Rote Wolke heisst: „They made us many promises", sagt Mahpina Luta, „more than I can remember, but they never kept but one: They promised to take our land and they took it." Auf Deutsch: Sie machten viele Versprechen, mehr als ich im Kopf habe, aber halten taten sie nur eines: Sie versprachen, uns unser Land wegzunehmen, und sie nahmen es weg. - Als ich das las, erinnerte ich mich plötzlich: Dieselben Worte hatte ich am Gunnisonstein gelesen. Mit schwarzer Farbe hatte sie ein, wie es hiess, 'anonymous Indian' dort hingemalt, wo eine Gedenktafel weggerissen worden war. Und dabei hatte ein roter Handschuh gelegen. Geschichte ist, woran man sich erinnert; woran sich Verschiedene verschieden erinnern.

Auch andernorts traf ich auf Denkzettel der Geschichte, die an das Leid der Indianer erinnerten. So steht bei Jonesboro in Illinois ein Historical Marker zum Gedenken an das Cherokee Camp, wo im Januar 1839 zweitausend von dreizehntausend Indianern bei der Aussiedlung aus Georgia, ich meine, bei der Vertreibung daraus, auf dem Weg in Indianerreservate im Norden an Erschöpfung starben, weil sie den Eisschollen führenden Mississippi nicht überqueren konnten. Hundert Jahre später bekamen die Opfer dieser ethnischen Säuberung vom Staat Illinois diese Tafel gestiftet.

Spät, zu spät beginnt man in Amerika den Verlust der Indianerkultur zu bedauern. Ein rücksichtsvolles Feingefühl entwickelt sich den Ohnmächtigen gegenüber, allerdings wahrscheinlich nur bei Ethnologen. Das Field Museum of Natural History in Chicago, ein Naturhistorisches und Völkerkunde Museum - sogenannte Naturvölker finden sich nach weltweiter Gepflogenheit ja nicht in historischen Museen, da solche der Entwicklung der Menschheit reserviert sind - dieses Field Museum hat neulich auf ein Sensationsobjekt seiner berühmten Indianersammlung, der Webber-Collection, verzichtet. Ein reiches Sortiment sogenannter 'False Face Masks', religiöser Tanzmasken der Irokesen, ist entfernt worden und wird jetzt im Museumsdepot verwahrt. Irokesen hatten nach ihrem Besuch des Field Museums der Museumsdirektion geklagt, sie fühlten sich durch die Ausstellung in ihren religiösen Gefühlen verletzt. Seither hängt eine Einladung in der Indianerausstellung , indianische Besucher sollten ihre Meinungen der Direktion bekanntgeben. „Wir hoffen", heisst es, „sie können uns helfen, neue Darstellungen zu schaffen, welche der Wahrheit näher kommen und rücksichtsvoller gegenüber den Kulturen sind, die sie präsentieren."

Das intensive Bemühen, Vergangenes nicht verschwinden zu lassen, ist überall greifbar; über die ganzen USA verteilt, gibt es historische Museen und Völkerkundemuseen von einem Standard, den man ohne Übertreibung als spektakulär und vorbildlich bezeichnen kann. Doch den Wunsch, Vergangenes am Leben zu erhalten, können weder die Wegmarken noch die Museen erfüllen. Gerade danach jedoch, Vergangenes zum Leben zu erwecken, drängen die Amerikaner. Es besteht offenbar ein starkes Bedürfnis, Historisches aus der blossen Erinnerung in die Sinnenwelt zurückzuholen. Das mag gelegentlich gelingen, wo sich das Historische zur Darstellung eignet, aber auch dort nur teilweise. Bei historischen

Bauten, die man restauriert und sorgfältig unterhält, ist es bis zu einem gewissen Grad möglich, Vergangenheit vorzutäuschen. Die Kulissen allein zeugen, auch ohne dass darin ein historisches Theaterstück aufgeführt wird, von vergangenem Leben. Es sind instruktive Bauten, ob es sich um einzelne herrschaftliche Familiensitze im Süden aus der Antebellumzeit handelt, wie die Zeit vor dem Bürgerkrieg in den Südstaaten bis heute vornehm heisst, ob um eine ganze Stadt aus jener Zeit, wie Natchez am Mississippi, oder ob man sich im Geburtshaus des Heimatdichters Whittier umsieht, eines Quäkers, der 1807 bei Amesbury in Massachusetts geboren wurde. Aber obwohl einem hier eine liebenswürdig gesprächige alte Dame umständlich das ganze ursprüngliche Inventar zeigt mitsamt dem Mostkrug, der in Whittiers Dichtungen vorkommt, bleibt die Vergangenheit Moder. Meine Erfahrung ist: Es meldet sich beklemmend die Vergänglichkeit, die Vergangenheit bleibt stumm.

Die Amerikaner fühlen wohl dasselbe. Aber sie werden darob nicht melancholisch wie Europäer. Sie trauern nicht untätig um Verlorenes, sie mühen sich intensiv weiter um die Belebung des Abgelebten, und da der 'American Dream' Tod und Vergessen verbietet, sind alle Mittel recht dazu.

Ein solches Mittel sind Verkleidungen in historischem Kostüm. Nicht ernster zu nehmen sind sie als bei uns; wie bei uns werden sie auch in den USA an historischen Umzügen präsentiert, etwa in Boston am 4. Juli, dem Nationalfeiertag, wo sich Benjamin Franklin, George Washington und Samuel Adams ein humorvolles Stelldichein geben. Auf der Mayflower dagegen und in der Plymouth Plantation, der Rekonstruktion einer frühen Neuengland-Siedlung, findet tagein, tagaus ein putziges Theatertreiben historisch kostümierter Seeleute von 1620, respektive historisch kostümierter Siedler aus jener Zeit, statt. Es muss wohl als ein ernsthafter Versuch beurteilt werden, Vergangenes zu neuem Leben zu erwecken. Dabei ist das Getue dieser verkleideten 'Leute von heute' so läppisch dilettantisch, dass sie ins Disneyland gehören, ins Gefolge von Merlin und Micky Mouse. Von gleich naiv unbeholfenem Zuschnitt ist das Maskentreiben historisch Verkleideter in Sturbridge, der mit Applaus von ganz Amerika bedachten Rekonstruktion eines Neuenglanddorfes von 1830. Mir war bei dem Rummel, wie wenn sich eine Leiche prostituierte.

An anderen Orten braucht man andere Mittel zur Wiederbelebung. Man verzichtet auf idyllische Lockmittel, mit denen man die Besucher in stillen Einklang mit der Vergangenheit bringen will. Man überwältigt sie vielmehr brutal, stösst ihnen den historischen Trichter in den Mund und füllt sie ab mit der Vergangenheit, bis ihnen Hören und Sehen für Gegenwärtiges vergeht. Das geschieht überall dort, wo an historischer Stätte ein historischer Film, eine historische Tonbildschau oder eine historische multimediale Vorführung auf die im Dunkeln eines Zuschauerraums wehrlosen Besucher losgelassen wird, und zwar mit einem technischen Raffinement, das nach kurzer Zeit jeden Widerstand der Opfer bricht. Eine Art Ekel vor solch audiovisueller Aufdringlichkeit spüre ich noch immer, am stärksten erzeugt vom Film über die Erstürmung der El Alamo-Missions-station in San Antonio in Texas 1836, bei der die amerikanischen Verteidiger samt und sonders hero-isch untergingen. Ich erinnere mich an den Film wie an einen Angsttraum: Die Kinokanonen feuerten aus tunnelgrossen Schlünden direkt in die Gesichter des entsetzten Publikums, von einer '6-story-screen', einer Leinwand von der Höhe von sechs Stockwer-ken, und mit einem '6-track-sound' verstärkt. Ich weiss nicht genau, was das ist, aber jedenfalls war es ein Höllenlärm. Dann kam ich, nach salbungsvollen Schlussworten über den 'Price of Freedom' und völ-lig gebrochen von der diabolischen Sinnenmassage durch den Kinoausgang übergangslos in die heitere Gegenwart der Einkaufsstadt im River Center, voll eleganter Restaurants, Fast-Food Corners und schik-ker Einkaufsläden. Durch die heiter-fröhliche Kunst-welt des Shoppings ging ich mit dem mörderischen Kunstwelteindruck des Kinos in den Knochen, wie wenn ich einer der toten Kinohelden wäre, dem bei seiner Wiederkehr Unglaubliches zugemutet wird. Doch mit dem ersten Biss in einen Hamburger biss ich mir ein grosses Loch in die mich umhüllende Ki-noleinwand und schlüpfte mühelos in die Gegenwart. El Alamo? Es war einmal ...

Das Kino also schaffte die anhaltende Wiederbele-bung auch nicht. Ob Live-Vorführungen wohl mehr bringen? Ich weiss es nicht. An Schlachtenjahresta-gen, jedenfalls an Jahrestagen von Schlachten aus dem Bürgerkrieg, von Gettysburg etwa, sind Mas-sendarbietungen live üblich. Sie heissen 'Battlereenactments', Schlachtenwiederaufführungen, und sind sehr populär. Ich habe kein solch kriegerisches Spektakel gesehen, vermute aber, dass der einzige Zweck davon der ist, die Zuschauer die Vergangenheit möglichst lebendig miterleben zu lassen. Meine Vermutung kommt von einer Schlagzeile her, die ich in der 'San Antonio Express News' las. Zwar betrifft die Zeile nicht direkt ein Battle-reenactment, aber doch eine wiederaufgeführte historische Szene, wenn auch nicht eine aus der eigenen nationalen Geschichte. Es ging um eine wiederbelebte Kreuzigung Christi am Karfreitag in San Antonio, eine, wie es hiess, 'reenacted crucifixion'. An diesem Freitag war, wie dieselbe Zeitung meldete, ein Riesensturm - 'a monster storm' - über Südtexas hinweggetobt. Ich selber war auf meiner Fahrt in dieses Unwetter geraten und hatte sie abgebrochen, weil mir ein Weiterfahren mörderisch schien. Die Zeitung meldete denn auch, Tornados hätten Schneisen von Zerstörungen angerichtet, einen Haufen Verkehrsunfälle verursacht und eine Anzahl von Stromausfällen bewirkt. Das nahm sich aber alles nur halb so schlimm aus, ja verblasste vor der triumphalen Meldung: „Storm adds reality to Way of Cross", unter der Wucht des Sturms habe Christi Kreuzesweg an Wirklichkeitskraft gewonnen.

Mit der gleichen Sucht nach mehr, in diesem Fall nach mehr Leben, das aus der Wiederbelebung der Geschichte gewonnen werden soll, kalkuliert ein Prospekt über die Niagarafälle. Den Besuchern der 'American Adventure Tour Nr. 1' wird folgendes versprochen: "Sie werden hören ... die Geschichte der Niagarafälle, Geschichten voller Romanzen und Tragödien, von Wagehälsen, Seiltänzern, von in Fässern Eingeschlossenen, die sich über die Fälle stürzten, von der legendären 'Maid of the Mist', der Nebeljungfrau, vom Krieg von 1812 und vom French-Indian War. Sie werden entdecken ... die rätselhaften Geheimnisse der Niagarafälle. Sie werden erforschen ... die vergessene verborgene Vergangenheit, und" - nun kommt das Wichtigste - „Sie werden sie erneut durchleben."

Manche Amerikaner durchschauen diese Marktschreierei langsam als Schwindel. Der naive Budenzauber schafft keine Wiederbelebung mehr. Wie aber ist sie anders zu bewerkstelligen? Denn dass Totes tot sein soll, das hinzunehmen, wäre zu bedenklich. Es bedeutete einen Kräfteverlust, der unersetzbar wäre. Dem Amerikaner ist die Geschichte eine Kraftquelle für sein eigenes Leben. Versiegt sie, hat er nicht verstanden, sie am Leben zu erhalten. Was schreibt doch jener Journalist in der 'Houston Post' am Ende seines Artikels, in der er das Verblassen seiner Erinnerung beklagt? „Heute blicken meine Vorfahren aus ihren Bilderrahmen unzufrieden auf mich herab. Sie hatten alle Antworten bereit. Bloss: Ich vergass sie leider zu fragen, und jetzt ist es zu spät."

Von Mensch zu Mensch

Die Einwohnerzahl war 254 Millionen: 1992 lebten rund 250 Millionen Menschen in den USA. Mit etwa 220 Millionen davon hätte man also theoretisch ins Gespräch kommen können, wenn man die noch nicht antwortenden Babys von der Gesamtzahl subtrahiert. Alle Sprechenden, dies ebenfalls theoretisch, hätten antworten können. Praktisch, allerdings, musste man es erleben, dass manche nur winkten, und zwar ab, und zwar energisch abweisend. Vor allem Mädchen oder Frauen taten das als Reaktion auf die Anrede eines Mannes nämlich auf der Strasse oder den Anruf eines Mannes durchs offene Autofenster seines am Trottoirrand abgestellten Wagens. Eines Mannes, der ich nun einmal bin, ob ich will oder nicht. Dabei handelte es sich bei der Anrede oder dem Anruf immer nur um die Frage eines suchenden Mannes, die meine eben, nach dem Weg. Auf den Gesichtern der Mädchen oder Frauen zeigten sich daraufhin Abwehr und Angst. Sie hörten gar nicht auf das, was ich fragte. Sie eilten gehetzt davon.

Nach einiger Zeit entdeckte ich, dass es sich bei meiner Erfahrung um keine Zufälle handelte. Auch musste ich die Reaktion nicht persönlich nehmen. Als ich in Boston war, las ich im dortigen 'Boston

Herald', einer verbreiteten Bostoner Zeitung, den Ferienartikel eines Einheimischen, der weiter im Norden, an der Atlantikküste von Maine, Ferien gemacht und sich dabei aus einem Bostoner in einen Menschen verwandelt hatte.

Er habe sich dort oben am Meer, schrieb er, sicher gefühlt, er sei ruhig geworden und freundlich zu Fremden. „Ich sehe dort Leute", schrieb er, „die ich nicht kenne - Männer, ein paar Buben beieinander, Frauen, die Hunde spazierenführen, Kinder - und sie lächeln oder winken oder sagen Hello ... Ich mache bei Sonnenaufgang einen Bummel über den Strand und winke einem Mann zu, der im Meer steht und fischt, und wenn ich auf dem Rückweg wieder an ihm vorbeikomme, sagen wir Hello, und am nächsten Morgen sehe ich ihn wieder, und ich mache Halt, und wir plaudern zusammen, bis die Sonne über uns steht. Man stelle sich dagegen einmal vor, man hielte in Boston auf der Strasse an, um mit einem Fremden zu reden. Man stelle sich vor, man sässe auf einer Parkbank oder in der Untergrund und versuchte, mit jemandem, den man nicht kennt, ins Gespräch zu kommen. 'Was ist los mit Ihnen, spinnen Sie?' würden die Leute sagen. 'Was wollen Sie, wollen Sie Krach? Was stimmt nicht bei Ihnen?' Ja, was stimmt nicht bei uns, dass wir nicht anhalten und versuchen, miteinander ins Gespräch zu kommen? Wir müssen vorsichtig sein, steif, auf der Hut. Geh nicht dahin, geh nicht dorthin. Schau dich um. Sprich nicht mit diesem. Trau nicht jenem. Ich gehe durch die Strassen, und dabei schauen die meisten Fremden, denen ich begegne, streng geradeaus oder streng zu Boden.

Sie schauen mich nicht an. Wir haben alle Angst davor, einander anzuschauen. Warum bloss?"

Schuld daran sei, meinte der Schreiber, die Welt, wie sie uns die Medien übermitteln: das Fernsehen mit seinem Horror zwischen Spässchen und Lächeln; das Radio mit seinen Nachrichten von Schiessereien und Stechereien und Frauen- und Kindsbelästigungen und Sterbenden in Jugoslawien; die Zeitungen, vollgestopft mit Gemeinheiten. „Was ich eben noch in Maine empfand, es sei nämlich Frieden auf der Welt", schrieb der Zeitungsartikelverfasser, „muss mir jetzt, in Boston, wie eine Verirrung vorkommen, wie eine Perversion. Auf uns wirkt hier die von den Medien produzierte Welt, unser eigenes Produkt: Es teilt, isoliert und trennt uns voneinander."

Es ist nicht ohne Ironie, dass vom Autor zur Verbreitung dieser Klage und dieses Wunsches nach menschlicher Bekanntschaft ausgerechnet eines der Medien gewählt wurde, die doch nach ihm schuld daran sein sollen, dass wir gegeneinander abweisend sind; die also die Bösen sind. So dass man ihnen nichts Gutes anvertrauen sollte. Ein Widerspruch, der nur zeigt, wie heikel Schuldzuweisungen sind und wie schwer es ist, sich selber aus der bösen Welt herauszuhalten, in der sich Böses und Gutes gewöhnlich so vermischen, dass sich Gutes ohne Beigabe von Bösem gar nicht verwirklichen lässt.

Trotzdem: Die Anklage gegen die Medien ist verständlich. Die Schlagzeile in der 'Weltwoche' vom 28. Januar 1993, die lautet, „Auf Zürichs Wegen lauern die Homeboys", macht uns sicher auch nicht leutseliger in Zürich. In Boston wäre bei einer entsprechenden Warnung im 'Boston Herald' die Reaktion bestimmt nicht anders. Oder in New York, wo ich mich beispielsweise, bewogen von der 'New York Times', erst allmählich in die Untergrundbahn hinunterwagte. Was ich als Warnung deutete, hiess: „3 Men Attack Elderly Priest on Subway Platform." Und ich erfuhr, morgens um 11 Uhr sei der 78jährige Father Dahm in geistlicher Kleidung auf einer Untergrundstation im unteren Manhatten zuerst von drei Männern gegrüsst und dann bis zur Bewusstlosigkeit gewürgt und dann ausgeraubt worden. „New York ist eben New York", wurde ein anderer Geistlicher zitiert, „da muss man halt einfach auf der Hut sein."

Vielleicht hat der Verfasser des Bostoner Artikels, der die Medien schilt, am Ende recht. Vielleicht wäre es besser, wir wüssten nicht so viel voneinander. Es machte uns nicht besser, als wir sind, zugegeben, aber wir würden uns für besser halten, und damit gingen wir wohl auch etwas liebenswürdiger miteinander um.

Das schlimmste Beispiel dafür, wie Misstrauen und Angst eine Begegnung zwischen Menschen erschweren können, erlebte ich an einer Tankstelle. Wobei ich keinen Grund habe, anzunehmen, dass an dieser Tankstelle besonders viele oder schwere Verbrechen begangen worden wären. Man hatte wohl bloss von den vielen an irgendwelchen Tankstellen begangenen Verbrechen durch die Medien gehört, bekam Angst und nahm die Warnungen besonders ernst, so dass man hier entschiedener als an anderen Tankstellen gegen die Möglichkeit eines Verbrechens vorbaute. Man rüstete auf.

Es war eine Shell Self-Service Station in Washington Heights, einem Aussenquartier der Hauptstadt. Seine vornehmlich schwarzen Einwohner machten einen gesitteten, ja gepflegten Eindruck, fuhren doch viele von ihnen täglich mit der Untergrund zur Arbeit in die Staatsbüros im Regierungszentrum. Vom Milieu aus bestand also kein Grund zur Hysterie an der Tankstelle.

Ihr Bedienter, der, wie immer an Selbstbedienungs-tankstellen, bloss die Kasse besorgte, sass mit dieser Kasse nicht, wie üblich, in einem Raum, der gleich-zeitig als kleiner Verkaufsladen für allerlei Ess- und Trinkwaren, Zeitungen und Krimskrams diente, son-dern er sass in einem Glaskasten bei der Ausfahrt von den Zapfstellen, mit voller Sicht darauf.

Es bedurfte, bis man ans Benzin kam, umständlicher Manipulationen mit der Kreditkarte und mit dem üb-lichen Verschlusshebel. Ich studierte vorerst die aus-führlichen Instruktionen, dann machte ich mich ans Pröbeln, und das alles brauchte viel Zeit. Ich werkte im vollen Neonlicht und bot sicher das Bild eines Neulings, wahrscheinlich eines unbeholfenen, was in der Regel einen amerikanischen Zuschauer zum hilfreichen Eingreifen bewegt. Nicht so hier. Zwar folgten mir die Blicke des fernen, in seiner Glaskabine sicher eingeschlossenen Bedienten auf-merksam, aber das war alles. Nach Abschluss des

Einfüllzeremoniells ging ich zum Glaskasten, um zu zahlen. Es wurde mir verwehrt. Der Mann hinter Glas gab mir durch ein Mikrophon die Anweisung, an der Zapfsäule mit der Kreditkarte zu zahlen. Ich ging zurück zum Studium der von mir verlangten Zahlart, mit einigen Zweifeln, ob ich nicht langsam überfordert sei, suchte die Instruktion, fand sie und las. Schliesslich schob ich die Karte in den dafür vorgesehenen Schlitz. Nichts geschah. Das beruhigende Geräusper der Maschine blieb aus. Ich wiederholte das Manöver, ohne Ergebnis, und ging dann, mit dem unangenehmen Bewusstsein, versagt zu haben, zum Glaskasten zurück. Durchs Mikrophon fragte man mich nachlässig nach meiner Kreditkarte und meldete mir dann, der Automat nehme meine Karte nicht an. Wie hoch denn der Betrag sei. Weil mir langsam der Ärger aufstieg, sagte ich einfach: „Sechs Dollar neunundsechzig." Irgendwo dort herum musste es liegen, schätzte ich, aber zur genauen Angabe hätte ich erneut zur Zapfsäule zurückgehen müssen, und dazu fehlte mir jede Lust. Darauf wies der Mann im Glaskasten mit dem Finger auf einen Griff, der vor mir aus dem Kasten vorstand, und als ich daran zog, liess sich eine flache Metallschublade etwa zwanzig Centimeter herausziehen, und in diese, bedeutete mir der Glaskabinenmann, solle ich den Betrag legen. Dann zog er seinerseits von innen die Schublade zurück, nahm das von mir eingelegte Geld und legte das Herausgeld hinein, dann schob er die Schublade wieder heraus. Dabei schaute er schon wieder über mich hinweg zu den Zapfsäulen, ob sich dort etwas Unrechtes tue.

Ich steckte das Geld ein, drehte mich um, ging zum Wagen zurück, stieg ein und fuhr davon. Ohne die sonst übliche Abschiedsformel: „Have a nice day", die in Amerika einfach zum Abschied gehört, kam ich mir wie hinausgeworfen vor. Verglichen mit der Behandlung an dieser Tankstelle, erschien mir der gedankenlose Abschiedsgruss wie ein frommer Wunsch unter Freunden.

Ja, selbst die Art, wie Amerikaner und Amerikanerinnen wiederholt ein Gespräch abbrachen, das eben in Gang kommen wollte, wirkte eher wie ein Kompliment als wie eine Absage, wenn man sie mit dem Verhalten des hermetisch verschlossenen Tankstellenwarts vergleicht. Diese Art oder Unart bestand darin, dass sich das Gegenüber plötzlich schroff von einem abwandte und wegging, mit der höflichen Versicherung allerdings: „It was nice to talk to you."

Anfänglich fragte ich mich als Stehengelassener, was ich wohl falsch gemacht haben könnte. Später verlor sich diese Unsicherheit und machte der Sicherheit Platz, dass ich nicht hätte zu reden beginnen sollen.

Und um abschliessend Gerechtigkeit walten zu lassen: Nicht alle Amerikaner waren so verschlossen, es war längst nicht immer so; aber eigentlich auch nicht selten.

Coffee, Sir?

„It's hard to know if you're eating right
when you don't know what you're eating.“

Reklametext für Vitamin-Präparate auf einer amerikanischen Billboard, einer Plakatwand.

Manches, woran man sich nach einer Reise gern erinnert, ist abbildbar. Man kann es photographieren.
Photos von Papierbechern zum Beispiel kann man
anschauen, wenn man aus Amerika zurückkommt.
Aber nicht alles ist abbildbar. Eigentlich weniges. Das
meiste ist es nicht.

Ich ziehe es darum vor, auf Reisen ab und zu ein paar
Notizen zu machen. Wie schnell vergisst man doch
vieles, auch wenn es einmal auffällig war. Wenigstens
bei mir ist das so. Aus dieser Erfahrung heraus stecke
ich seit langem auf Reisen ein Notizbüchlein zu mir,
eben wissend, dass, was mich als Neuigkeit überrascht, von der weiteren Menge neuer Eindrücke
schnell überdeckt wird und so verloren geht. Die
Wiederholung anfänglich ungewohnter Kleinigkeiten
macht sie in kurzem zum Gewohnten. Die Grundre-
gel für das Notieren lautet darum: Von etwas eine

Notiz machen, bevor man davon keine Notiz mehr nimmt!

So entstehen, ohne dass man an etwas derartiges denkt, Reisetagebücher. Flüchtige Skizzen von Flüchtigem, Andeutungen, etwas wie Spiegelbilder im Wasser der Erinnerung. Es sind echte Tagebücher, nur dem Schreiber verständliche. Weil er nur für sich Notizen gemacht, nur für sich Fixpunkte gesetzt hat. Ohne Intimitäten auszuplaudern, sind sie doch höchst intim. Die spontane Zuwendung an das oder jenes beruht nämlich jedesmal auf einer besonderen Gefühlsregung, auf Zuneigung oder Abneigung. Gleichgültigkeit bedeutet Unaufmerksamkeit, gebiert keine Notizen, schafft keine echten Tagebücher. Echte Tagebücher beruhen auf 'unbefleckter Empfängnis'. Wer dagegen schon beim Notieren an Veröffentlichung denkt, kann nicht unbekümmert rein private Notizen hinkritzeln. Er wird auswählen, er muss komponieren, und so kann nicht entstehen, was Tagebücher im Grunde genommen sind: Selbstgespräche. Die echten sind darum nicht für fremde Augen.

Nach diesen schützenden Erklärungen erst bin ich bereit, ein paar Einblicke in meine Notizblätter zu geben, auf ein paar Merkwürdigkeiten hinzuweisen, die mir selber bei ihrer Lektüre aufgefallen sind. Da stosse ich beispielsweise gleich am Anfang auf die nachträglich als Kuriosität empfundene erste Notiz über Amerika, kaum dass ich den Boden der neuen Welt berührt hatte. Was war das erste, was mich dazu bewog, eine Notiz zu machen?

Noch bevor ich es verrate, wird man mir beipflichten, dass solche Notizen verräterisch intim sind. Ich bin, wird man mir zugeben, zu Recht zurückhaltend mit Enthüllungen. Der Notierende gibt sich preis, und selten kann er, wenn er ehrlich ist, Bewunderung erwarten. Was habe ich zuerst in Amerika notiert? Die erste Notiz ist - ich muss mich überwinden, es niederzuschreiben, so lächerlich ist es - eine Notiz über einen Papierbecher, einen simplen Papierbecher.

Da heisst es am Beginn meines Reisetagebuches: „31.3.92 Breakfast im Hotel in Miami Beach: Kartonbecher, Kartonteller, Camping-Plastikbesteck." Das war also damals das Neue - das war die Sensation! Beim Überlesen zu Hause überraschte mich dieser Anfang: Dass mir dieses Wegwerfgeschirr je aufgefallen war! Bis zum Ende der Reise war es längst zur Selbstverständlichkeit geworden. So selbstverständlich, dass, hätte ich den Auftrag bekommen, ein Standbild für die Verkörperung des Amerikaners zu schaffen, ich der Statue einen Papierbecher in die Hand gegeben hätte als Requisit, das der Figur Halt gibt. Es kam mir allmählich so vor, als wäre der Psalm von den rettenden Bergen, zu denen sich das Auge erhebt, für Amerikaner dahin abzuwandeln, dass es heissen sollte: „Ich senke meine Augen auf den Papierbecher, von wo mir Hilfe kommt." Und so hatte ich doch, ohne es damals zu wissen, am ersten Morgen Bedeutendes notiert.

Offenbar hatte ich das Gedeck damals als Stilbruch empfunden zu Erwartungen, die der Name 'Exeter Hotel, Miami Beach' in mir geweckt hatte. Von solchen Widersprüchen zu Erwartungen zeugen meine Notizen noch lange und verraten damit den aufgescheuchten Anfänger. Was ich nun in Amerika nie mehr sein kann. Eigentlich schade: Nur der Anfänger erlebt dauernd Neues.

Es ist darum ganz begreiflich, dass ich, als ich später die Abfolge einer ganzen Mahlzeit notierte, vom Geschirr nichts mehr aufschrieb. Dagegen fand ich, nach mehr als zwei Monaten unterwegs in den USA, das an einem bestimmten Abend zum Nachtessen Aufgetragene immer noch bemerkenswert, wenn nicht gar staunenswert.

Die Notiz betrifft den 6. Juni 1992 und die St. Joe Inn bei Evansville, Indiana. Bei dieser St. Joe Inn handelte es sich um einen historischen Gasthof - zu vergleichen mit dem Bären in Sumiswald - um etwas besonders Feines also. Ich erinnere mich: Die Speisekarte musste aufgeklappt werden, wollte man die Liste der Speisen und Getränke studieren, denn die Aussenseite war voll historischer Daten über die Geschichte des illustren Gasthofs, der in seinem heutigen Aussehen seit 1888 besteht, nachdem ein erster Bau aus dem Jahre 1836 niedergebrannt war. Für das Besondere meines Aufenthaltsorts an diesem Abend des 6. Juni 1992 zeugte auch der Umstand, dass der Tisch, an dem ich sass, ausdrücklich in einem sogenannten 'Saloon' stand, einem Raum also mit einem historischen Namen, und der Saloon gehörte zu einer Inn, auch dies eine altehrwürdige Bezeichnung. Hergefahren worden war ich von einer Gruppe von Professoren der Universität Evansville und deren

Frauen. Der Gasthof war auf Vorschlag des Geschichtsprofessors gewählt worden und nur ihm näher bekannt.

Das Ganze sah dann ziemlich ordinär aus, sowohl von aussen als auch von innen. Vornehmlich die Gaststube glich mehr einer historischen Spelunke aus dem Mittleren Westen als einer wohnlich gemütlichen Absteige, es war eben ein 'Saloon', und zwar ein lärmiger. Es herrschte Betrieb.

An unserem langen Tisch wurden die Speisekarten verteilt. Was würde ich trinken? fragte mich Jean, eine der Frauen. Was würde sie trinken? fragte ich vorsichtig zurück. Die Gruppe bestellte Bier, ich auch. Was würde man essen? Die Gruppe schwankte zwischen etwas, was Fiddler Plate hiess - etwa mit 'Teller für den Geigenspieler' zu übersetzen - also undurchschaubar war, und einer 'Cod-Plate', also Fisch. Ich stutzte hinter meinem Bier, hielt mich aber tapfer an die Gruppe, auch als Fisch bestellt wurde. Er kam: gebackene Fischfilets. Allzu überrascht war ich über die Kombination Bier mit Fisch nicht, waren mir doch vor der Abfahrt zu Hause beim Geschichtsprofessor Pralinen mit Weisswein angeboten worden. Auf der Speisekarte fanden sich als Zutaten zum Fisch zwei zur Wahl aus dem folgenden Angebot: German Potato Salad, Slaw (Kabissalat), Baked Beans (gebackene weisse Bohnen) und Macaroni and Cheese. Ich wählte, an das Bier denkend, Kartoffelsalat und Kabissalat. Dazu wurden süsse Weggli serviert. Niemand fand etwas Besonderes an der Zusammenstellung, nur der Lärm störte sie. Ich aber machte nachträglich meine Notizen und bin froh darüber. Sie sind ein weiterer Beweis dafür, dass der Teufel im Detail steckt.

Noch eine Stufe höher auf der Leiter des amerikanisch Schicken sind die überall vorhandenen 'Country Clubs'. Über den Zutritt entscheidet lediglich Geld. Werbeanzeigen für Mitglieder nennen unverfroren die Höhe des Vermögens, die Voraussetzung ist für den Beitritt. Country Clubs sind Freizeitclubs mit Golf- und Tennisplätzen und liegen am Stadtrand in weiten Parkanlagen. Das Clubhaus ist ein erstklassiges Restaurant mit Konferenzsälen und allem Nötigen für den Komfort der Clubmitglieder.

Ein Rotary Club, den ich in Richmond in Virginia besuchte, hatte einen solchen Country Club als Versammlungsort gewählt. Man traf sich zum Frühstück. Meine entsprechende Notiz stammt vom 11. Juni 1992. Nach fünf Viertelstunden Anfahrt quer durch Richmond, mein Motel lag beim Flugplatz, erreichte ich den Ort als einer der Letzten, gerade noch recht zum self-serve, wie er in vielen Rotary Clubs in den USA üblich ist. Die Gerichte standen auf einem Buffet längs der einen Wand des gepflegten Lokals. Vom Geschirr habe ich nichts aufgeschrieben, es passte wohl und war aus Porzellan, wie immer bei Rotary, die Schüsseln waren es jedenfalls, wie ich mich genau erinnere. Mit einer grossen Namenrosette im Knopfloch, die ich vom Clubmeister am Eingang erhalten hatte, war ich sofort als Gast erkennbar. Mitglieder nahmen sich herzlich des Fremden an und halfen beim Sich-Bedienen. Ich hätte es allein nie geschafft, sondern hätte im Saal herum nach dem gesucht, was ich mir unter einem Frühstück vorstelle. So aber waren im Teller in meiner linken Hand am Schluss gekochte kalte Apfelschnitze neben einem Löffel Früchtesalat und einer Kelle voll Rindfleischgeschnetzeltem an einer ebenfalls kalten weissen Sauce, in meiner rechten Hand war ein Glas Orangensaft mit einem Eisklumpen darin. Als Alternative zum Orangensaft wurde Kaffee angeboten - Rindfleisch und Kaffee! - manche Amerikaner tranken beides. Das Geplauder am Tisch war fröhlich und erfrischend, das Essen war nur erfrischend, und ein Vortrag über amerikanisches Bankenwesen war weder fröhlich noch erfrischend.

Es war zum erstenmal, dass ich mich nach dem von mir sonst nicht geschätzten Frühstücksgrit sehnte, dem gesalzenen warmen Griesbrei, mit dem vor allem die bekannten Waffle-Houses, eine Restaurantkette, aufwarten. Ich hätte schliesslich auch lieber den warmen Kaffee als den kalten Orangensaft gehabt, trotz Rindfleisch, aber der Fehler war passiert, als es mir an Übersicht noch gemangelt hatte. Zudem wäre ich mit einer nachträglichen Korrektur sicher in einer Gesellschaft von lauter Entschlossenen als einsamer Unentschlossener aufgefallen, und dazu fehlte mir der Mut. Den Kaffee hatte ich instinktiv umfahren, weil ich wusste, dass er in Amerika wahllos zu allem getrunken wird. „Coffee, Sir?" ist die erste Frage der Servtererin oder des Kellners vor dem Bestellen, eine Einladung zum Apéro, sozusagen, und ein Re-fill, ein Nachfüllen, ist jederzeit möglich.

In Pittsburgh im hocheleganten Westin William Penn-

Hotel trank am 24. Juni meine nicht minder hochelegante Rotary-Tischnachbarin, eine Hispanic Lady, also eine Dame spanischer Abstammung, aber eine vollständig amerikanisierte, da sie in New York aufgewachsen war und mit Vornamen Faye hiess, Kaffee zu Koteletten, Bohnen und Risotto. Wasser wäre möglich gewesen, mit Eiswürfeln natürlich.

Mit dieser Notiz endet mein indiskreter Einblick in meine Niederschrift von Merkwürdigkeiten. Mit dem 24. Juni findet sich in meinem Notizbuch auch die letzte Angabe über Besonderheiten beim Essen. Ich blieb noch bis zum 30. Juli. Das Fehlen weiterer Notizen verrät, dass ich mich ans Essen gewöhnt hatte.

Superlative

Wie bildet man den Superlativ von 'photographie-ren'? Hätte ich nicht die Antwort vor der Frage ge-wusst, die Frage wäre mir nie in den Sinn gekommen. Absurdes kann man zwar antreffen, aber man kann nicht auf die Suche danach gehen.

Wo es aber bewusst produziert, also scheinbar ge-sucht wird, wie etwa im absurden Theater, beruht es auf Einfällen, und solche sind, wie das Wort sagt, etwas, was in uns ganz einfach hineinfällt, z.B. bei Alltagsgesprächen. Das Absurde im Theater, um da-bei zu bleiben, entsteht, wenn man banale Alltags-phrasen zu einer Zitatensammlung kombiniert und sie auf verschiedene Sprecher verteilt. Die Phrasen muss man nicht erfinden, sie sind alle schon da.

Ebenfalls schon da ist auch Picassos Metallplastik in Chicago. Die berühmte Metallplastik, die weltbe-rühmte, 1975 für Chicago speziell von Picasso ver-fertigte, weil bei ihm von Chicago bestellt. „They wanted the greatest artist alive", den grössten leben-den Künstler wollten sie für Chicago, und nun haben sie das Ding, und niemand weiss, was es sein soll. Denn Picasso entschied: „No title". Man rätselt seit-her. Ist es ein Frauenkopf? Sind das Frauenhaare?

Oder sind das Flügel? Ist es ein Insekt? Ein Geheimnis ist es jedenfalls, und somit ist es mit Garantie ein Kunstwerk. Und entsprechend ein Magnet für Photographen.

Trotzdem sollte man nicht so weit gehen wie mein Reisehandbuch, der Baxter: 'USA praktisch und preiswert'. Er preist die Plastik nämlich an als „eine der meistphotographiertesten Attraktionen der Stadt". Wäre sie doch wenigstens kurz und bündig „die meistphotographierteste"; bei einer einzigen solchen Plastik könnte man noch die Ruhe bewahren, selbst wenn es sich dabei um die photographierteste handelte, aber dass es in Chicago noch weitere photographierteste geben soll, bringt Nervosität in die Szene. Welches sind die anderen photographiertesten? Und wo sind sie? Die Jagd nach den Superlativen erfasst uns, das Superlativfieber bricht aus, und das ist nicht ungefährlich hier in Chicago, wo der höchste Wolkenkratzer der Welt steht, der Sears-Tower, mit einem der schnellsten Fahrstühle der Welt, wie man im Lift per Tonband instruiert wird, während man nach oben in den 103. Stock saust oder von dort nach unten stürzt, allerdings ein paar Stockwerke weniger tief, weil man sich durch die untersten Warenhaus- und Restaurantsstockwerke selber zu Fuss als potentieller Kunde oder Gast durchhelfen muss.

Hier, in Chicago also, ist das bei den grassierenden Superlativen nicht ungefährlich, die Jagd könnte zum Schützenfest ausarten, das Fieber sich zum Herzschlag steigern; hier, wo das John Hancock Center steht, ein anderer respektabler Wolkenkratzer, der einem alten Holzbohrtürmchen in der Saline Schweizerhalle gleicht, nur dass das Türmchen zu einem gewaltigen Mammutturm aufgeschossen ist. Wer von dessen Aussichtsplattform aus mit einer blossen Aussicht rechnet, sollte gescheiter unten bleiben. Ihm fehlt wahrscheinlich doch der Sinn für das, was ihn effektiv erwartet, nämlich eine 'Superaussicht'. Jedenfalls 1992 war es noch eine Superaussicht. Ab 1993 dürfte sie sich noch steigern zur Hyperaussicht, haben sich doch die ursprünglichen Supermärkte in den 90er-Jahren auch zu Hypermärkten entwickelt.

Amerika hat, was Superlative betrifft, bekanntlich sein klares Image, es pflegt es, und es bleibt seinem Ruf in dieser Beziehung nichts schuldig.

Bei einer kurzen Übersicht über meine kleine Rundfahrt durch die USA - 19'000 Meilen waren es, was in New York bei der Rückgabe des Mietwagens gleich mit einem Superlativ quittiert wurde - es sei die längste Strecke eines Mietautos mit nur einem einzigen Mieter - bei einer solchen Übersicht also machen wir ein paar Zwischenhalte bei dem einen oder anderen Superlativ. Was werden wir wohl antreffen? Was war am grössten, kleinsten, schönsten, hässlichsten, gescheitesten oder dümmsten?

Von Miami bis New Orleans war ich offenbar noch immun gegen das Fieber: Ich beachtete keine Superlative. Dann aber erwischte es mich bei den „best poboys in New Orleans". Auf der Streetcarlinie, die Tennessee Williams mit dem Drama 'A Streetcar

Named Desire' zur Touristenattraktion gemacht hat. Ich stieg nämlich, wie von höheren Mächten geführt, am 47. Stop aus, nur weil mir die ganze Fahrt zu lange dauerte. Schon draussen, erinnerte ich mich plötzlich undeutlich, im Streetcar so etwas wie ein Plakätchen gesehen zu haben mit der Anpreisung eines Lokals zwischen der 47. und 48. Haltestelle, wo man die „best po-boys in New Orleans" haben könne. Also schaute ich mich neugierig um, übrigens auch hungrig, fand, was ich suchte, und liess mir in der gefundenen Fast-Food-Bude einen solchen besten Po-boy richten, wobei man merkwürdigerweise die Wahl der Zutaten mir überliess, obwohl ich keine Ahnung hatte, womit Po-boys generell belegt werden, also auch keine, wie ich es anstellen müsste, um den besten Po-boy herzustellen. Es kamen so auf meine eigene Verantwortung zwischen die beiden Hälften einer längsgeteilten Baguette Wurst, Tomaten und Kabissalat, und dann verdrückte ich das Riesensandwich bis zur Ankunft des Retour-Désirée-Streetcars. Himmlisch war er eigentlich nicht, der Poboy, aber dafür möglicherweise 'best'.

Jedenfalls hatte er mich auf den Superlativgeschmack gebracht. Superlative folgten sich nun recht dicht. Bereits in der Country-Library von New Iberia, einem ziemlichen Kaff in Louisiana, wurde ich an einer Ausstellung über die lokale Alligatorenindustrie dahin informiert, dass ich den Staat Louisiana als den Spitzenreiter, den Weltschrittmacher zu respektieren hatte, kurz, den vordersten in der Alligatorenforschung, -aufzucht und -verarbeitung.

Es war die Einstimmung auf die Würdigung dessen, was in Houston, Texas, als das achte Weltwunder angepriesen wurde, des Astrodomes nämlich, des auf der Welt ersten von einer Riesenkuppel überdachten Baseball- und Fussballstadions. Zu meiner Verwirrung stiess ich einige Wochen später im Staate Iowa auf ein zweites Gebilde, das sich ebenfalls als achtes Weltwunder ausgab. Es war das eine aus unzähligen Muscheln und Kristallen von einem durch seine Einsamkeit unter lauter Schweinezüchtern und Silobauern aufs äusserste entnervten katholischen Priester zusammengestückelte und gepflasterte Riesengrotte, in der weisse Marmorheiligenfiguren aufgestellt waren und die in einem langen und sicher langweiligen Priesterleben zur „largest grotto in the world" herangewuchert war. Damit aber dürfte ich einen von mir entdeckten, den Amerikanern noch gar nicht bekannten Superlativ gefunden haben: Amerika ist das erste und einzige Land auf der Welt mit zwei achten Weltwundern.

Ich überspringe im folgenden „The Nation's Oldest Schützenverein in New Braunfels" sowie „Texas' largest known land king", den grössten bekannten Landbesitzer in Texas, und eile nach Los Angeles zu Howard Hughes, dem Erbauer des „largest airplane in the world", eines aus Sperrholz verfertigten Monstrums in einem riesigen, von hineingeworfenen Münzen funkelnden Wasserbecken in magischer Beleuchtung unter einer fensterlosen Alluminiumkuppel, „the world's largest free-span aluminium dome", umgeben in weihevollem Glanz von exquisiten Nobelautos der Autogeschichte. Das Flugboot flog ein einziges Mal, auch das ein Superlativ, nämlich am 2. November 1947, etwa einen Meter hoch und eine Meile weit, aber das reichte, um es zu dem zu machen, was es ist: „The world's largest airplane ever to fly". Sein Erfinder, der 'Mysterious Howard Hughes' kannte nach eigenen Angaben vier bescheidene Lebensziele. Er wollte werden:

1. der reichste Mann der Welt
2. der grösste Flieger der Welt
3. der berühmteste Filmproduzent der Welt und
4. der grösste Golfspieler der Welt.

Nummer eins soll ihm gelungen sein, im übrigen war er ein Versager.

Auch wenn er der reichste Mann der Welt war, der glücklichste war er wohl trotzdem nicht. Dazu hätte er im Disneyland bei Los Angeles leben müssen, dem „happiest place on earth", wie sein Prospekt versichert. Aber auch ohne alle Ironie kann man in Kalifornien viele weitere Superlative geniessen, z.B. „the world's largest grove of the world's largest tree": den grössten Sequoiahain, bestanden mit den grössten Bäumen, die erst noch die ältesten sind und dazu die am schnellsten wachsenden, vier Superlative auf einen Schlag.

Eine weitere Naturspitzenleistung hat Wyoming aufzuweisen: „The largest of three natural springs in the world that naturally turn off and on", der Welt grösste von insgesamt drei Naturquellen, die von selbst an- und abstellen. Es störte mich, dass auf der Strassentafel, mit der auf dieses Naturwunder hingewiesen wurde, ein von Menschen verfertigtes Kuriosum die erste Stelle einnahm, aber die Reihenfolge - zuerst der Mensch, dann der Schöpfer - dürfte dem Empfinden des Amerikaners entsprechen. Der Text auf der Tafel lautete: „Welcome to Star-Valley (ein Reklamename für das sachlich 'Salt-River-Valley' genannte Tal), home to the largest elkhorn arch and intermittent spring". Die 'intermittent spring' ist die eben genannte Quelle, der 'largest elkhorn arch' ist ein aus zahllosen ineinandergeflochtenen Hirschgeweihen verfertigter, über die ganze Strassenbreite gespannter, etwa vier Meter hoher Bogen, zur Feier des Triumphes früherer Nimrode, die hier wüteten. Das Tal war einmal ein von Indianern gepriesener Jagdgrund.

Ein nicht anrüchiger Superlativ pries „the largest postcard in the world" an, die man in einem Postbüro in den Rocky Mountains unterschreiben konnte. Mit dem Betrag, den man dafür bezahlte, wurde die amerikanische Olympiademannschaft mitfinanziert.

Und wo würden Sie diesen Superlativ erwarten: „die riesigste Mosaikfläche der Welt"? In Istanbul oder Ravenna? Sie ist natürlich in Amerika, in der St. Mary's Cathedral in St. Louis.

Ebenfalls in St. Louis, und zwar in seinem wunderschönen botanischen Garten, befindet sich das Zentrum für „the world's largest program of research in tropical botany", der Welt grösstes Forschungsprogramm für Tropenbotanik.

Bisher waren das lauter Beispiele für Superlative aus dem Westen bis Wilden Westen, Gebiete, denen man Grosssprecherei von jeher anlastet. Die 'Tall Tale', die Grossmaulgeschichte, die Münchhausiade nach amerikanischer Art, mit den Helden Paul Bunyan und Mike Fink, ist hier angesiedelt, im Gebiet des Mississippi und westlich davon.

Und im Osten? dem gesitteten? aber nicht minder amerikanischen? Superlative gibt es auch hier. Was abnimmt, ist nur die Grösse der Anlässe oder Gegenstände, auf die sie sich beziehen. In Lititz in Pennsylvania, wo der Schweizer General Johann August Sutter seine letzten Jahre verbrachte und wo er und seine Frau auf dem Friedhof der Mährischen Brüdergemeinde ihre Grabstätte gefunden haben, weist eine Tafel auf das 'älteste Mädchenpensionat in den USA' hin, gegründet 1746. Sutter liess wegen der guten Schulungsmöglichkeit in Lititz seine Enkelinnen von Kalifornien hierher kommen. Aber es war sicher auch die beste, weil erste, sonst hätte er sich bestimmt gar nicht darum gekümmert.

Der Schule gegenüber finden Touristenführungen statt in 'America's first bretzel bakery', eröffnet anno 1861. Und irgendwo in Massachusetts sah ich an einem Strassenrand eine handgeschriebene Anzeige auf einem grossen Kartondeckel: „The world's best housemade onion-rings", der Welt beste hausgemachte Zwiebelringe.

Da schlägt schon Humor durch, ein amerikanisches Lachen über die eigene Nationalschwäche, immer

Superlative zu fordern. Am schönsten erschien mir dieser Zug, die nun einmal unerlässlichen Superlative nicht mehr ernst zu nehmen, bei einer grossen Inschrift über dem Diensteingang zum Mariotte Hotel, Inner Harbor, Baltimore. Über einem Schmutzloch in einer schmutzigen Seitengasse stand gross: „Through this door pass the world's greatest employees"!

Heikel wird die amerikanische Sucht nach Superlativen, verbunden mit dem eigenen Amüsement darüber, erst dann, wenn sie sich nicht mehr auf Amerikanisches bezieht. Es war noch unverfänglich, als am amerikanischen Fernsehen anlässlich des Einzugs der Athleten zu den Olympischen Spielen in Barcelona der Kommentator genüsslich auf einen Teilnehmer im Zug der Leute aus Brunei hinwies, es handle sich bei diesem - er war voll auf dem Bildschirm - um den reichsten Mann der Welt, und er gleich noch hinzufügte, er besitze 31 Billionen Dollar. Das war eine Bewunderung für eine beneidenswerte Eigenschaft. Dann packte jedoch den gleichen Kommentator der Übermut, oder handelte es sich um eine Informationslücke, die es zu vertuschen galt, oder langweilte er sich einfach bei dem für einen Amerikaner monotonen Zeremoniell; jedenfalls variierte er, als Tonga folgte, den Kommentar zu Brunei dahin, dass er jetzt den „heaviest monarch in the world" ankündigte, und dann, hingerissen von dem ungewöhnlichen Superlativ, seiner Phantasie freien Lauf liess und weiterfabelte: „They are literally unable to push him from the throne", sie seien buchstäblich ausserstande, ihn vom Thron zu stossen. Das war zum Auftakt der Olympischen, also völkerverbindenden Spiele starker Tabak für Tonga. Aber ich nehme an, Aussenminister Baker, damals noch im Amt, hat wieder geschlichtet. Er wird dem Monarchen von Tonga versichert haben, es handle sich bei dem Faux Pas gar nicht um einen solchen, sondern bloss um eine Demonstration der Erregung, in die Amerikaner bei Superlativen unwillkürlich versetzt werden; um das, was man Eifer nennen könnte, um etwas Löbliches also, wenn man bedenke, dass ein Reporter trotz einer langweiligen Zeremonie in Eifer geraten könne. Und er wird, falls er je an der Plakatwand vorbeikam, an die ich jetzt denke, dem Monarchen dieses Beispiel amerikanischen Reklameeifers als Erklärung und zum Trost genannt haben.

Es ist kein besonders geschmackvolles Beispiel, zugegeben, aber gerade darum ist es ein besonders passendes. Bei einer Baustelle in Illinois, es war eine grosse Baustelle, weil dort eine Fabrik gebaut werden sollte, stand, als ich daran vorbeikam, eine riesige Plakatwand am Strassenrand, eine Billboard. Darauf war eine Closettschüssel abgebildet, von der Grösse eines Wohnzimmers, mit einem Deckel, und auf diesen Deckel kam es offenbar an. Der Text meldete frohlockend: „Keine Exkremente mehr an den Fingern - es gibt jetzt 'lift it', den 'Heb-ihn-hoch' genannten Deckel, - der Welt einzigen keimfreien Closettdeckelheber".Und dabei stand für Ungeduldige: „Hier in Bälde erhältlich."

Damit schliessen wir den kleinen Trip durch die Welt der amerikanischen Superlative. Überall in Amerika gibt es sogenannte 'Museums of Records'. Das sind nicht etwa Schallplattenmuseen; das sind Museen, die alle erdenklichen Welt- und Lokalrekorde enthalten, also Museen, in denen Superlative gezeigt werden. Ich besuchte keines. Ich fand es nicht für nötig. Aber eben fällt mir ein: Vielleicht sollte ich eines eröffnen.

Geisterstunde

Hinter dem einstöckigen, flachdachigen Motel braust über einen Damm, höher als das Moteldach, tag und nacht der Verkehr auf der Interstate 605. Sein Lärm dröhnt, von keiner Schallmauer gedämpft. Vor dem Motel führt der Pioneer Boulevard vorbei, eine breite Quartierverbindung. Die Strasse ist so dicht befahren, dass an der Ausfahrt aus dem Motel Verkehrslichter stehen. Wir sind in Los Angeles.

Ruhiger ist es im Motel in Las Vegas. Es liegt in einer wüsten Asphaltlandschaft. In der Ferne hinter weiten Parkplatzflächen schimmern weiss die Neonlichter des Flugplatzes.

Wieder ein anderes Motel grenzt mit seinem Areal an einen riesigen Abstellplatz für Fernlaster. Hier muss man sich daran gewöhnen, dass dauernd irgendwo der eine oder andere Truckfahrer den Motor seines parkierten Monstrums, eines Dinosauriers des Strassenverkehrs, längelang laufen lässt.

Aber auch freundlichere Umfelder sind bei Motels möglich: Waldränder, Wiesland mit Tankstellen und Fast-Food-Restaurants, sogar Wohnsiedlungen.

Eines aber ist allen gemeinsam: Du bist im Motel allein, wenn du allein reisest, oder zu zweit, wenn du zu zweit reisest, oder en famille, wenn die Familie mitreist. Du hast jedenfalls zur Unterhaltung nur, was du mitbringst, mehr nicht, ausser dem Fernseher im Zimmer. Eine Verbindung zu anderen Motelgästen gibt es nicht. Abgesehen von den wenigen Menschengruppen tagsüber um den Swimming-Pool, die jede für sich bleibt, sieht man andere Gäste nur im Empfangsoffice, wo sie kommen oder gehen; dann noch beim Aus- oder Einpacken ihrer Gepäckstücke vor ihrem Motelzimmer, und etwa dann noch, wenn sie auswärts essen gehen oder vom Essen zurückkehren. Sonst wirkt das Motel unbewohnt. Die Fenster kann man von drinnen nicht öffnen, die Türen sind von drinnen mehrfach verriegelt. Nach Einbruch der Dunkelheit liegt das Gebäude verlassen wie ein Gefängnis im Schein der ringsum aufgestellten Neonlampen. Vielleicht bewegt sich irgendwo ein einsamer Schatten, unauffällig und geräuschlos wie eine Maus: Es ist ein Gast, der an der Eismaschine einen Plastikkübel voll Eiswürfel holt. Die Hausfront wirkt in ihrer Monotonie mit den geschlossenen Tür- und Fensteröffnungen wie eine Urnenwand. Der weite Platz um die aufgereihten Autos ist gespenstisch leer.

Drinnen aber, in den Wohnabteilen, mit Dusche, Toilette, Cuvette im einen Teil, mit Doppelbett, Stehlampe, rundem Tischchen, zwei Stühlen, Schreibtisch, Fernseher und Garderobenschrank oder -ständer im anderen Teil, ist es gemütlich. Oder sagen wir: könnte es gemütlich sein. Wenn sich da nicht auf dem

Schreibtisch dieser in Form eines Satteldachs gefaltete und aufgeklappte Karton befände. Darauf steht nämlich fettgedruckt: „Wir sorgen für ihre Sicherheit." Diese Sorge besteht darin, dass der Gast darauf aufmerksam gemacht wird, wie er sich gegen einen möglichen Mord, Raub oder gegen eine mögliche Vergewaltigung schützen soll. Es werden ihm sieben Ratschläge erteilt, wie er mit seinem Leben, seinem Gut und seiner Integrität eine weitere Nacht davonkommen kann. Vornehmlich sind alle Türschlösser und eventuell vorhandene Fensterschlösser - meistens kann man die Fenster nicht öffnen - zu kontrollieren. Vor dem Öffnen der Tür sollte man nicht vergessen, einen Blick durch das Guckloch zu werfen. Auch sollte man sich die Telefonnotrufnummer merken. Der Zimmerschlüssel ist zu hüten wie der eigene Augapfel. Bei den Motels der Motel-6 Kette wird die Zimmernummer sogar nur noch mündlich mitgeteilt; am Schlüssel selber hängt nur eine Codenummer, die einem Dieb oder Finder den Missbrauch beträchtlich erschwert. In Las Vegas und Los Angeles kam die spezielle Weisung hinzu: „For your protection when in room engage deadbolt and push button in door knob after closing door." Zur eigenen Sicherheit: Sobald Sie im Zimmer sind, schieben Sie den Türbolzen vor und drücken Sie die Sicherheitsverriegelung im Türknopf unmittelbar nach dem Schliessen der Türe.

Beim ersten Mal liest man diese Weisungen mit wachsendem Unbehagen. Man gewöhnt sich jedoch bald daran und verrichtet die verlangten Kontrollen und Manipulationen ohne jede Beklemmung. Mängel werden routinemässig entdeckt, und man nimmt sie ernst genug, dass man Abhilfe schafft. Als in Lajitas, der abgelegensten Stadt in Texas, die Türkette fehlte, wurde ich sofort misstrauisch: Wer hatte sie wozu entfernt? Da ich darauf keine Antwort wusste, schob ich prophylaktisch Tisch, Sessel und Kommode hinter die verriegelte Tür, damit ich bei einem möglichen Überfall, noch rechtzeitig durch das Geräusch verschobener und umfallender Möbel geweckt, den Notruf bedienen könnte. Ich schlief wie auf einem Vorposten im Krieg. Nichts geschah.

Nichts geschieht in der Regel. Verbrechen geschehen heimtückisch. Es gibt sie. Sie begegnen einem persönlich zwar selten oder nie, aber die Sicherheit verlangt, dass man dauernd damit rechnet. Wer vor lauter Vorsicht Angst bekommt, muss aufpassen, dass er nicht zum kranken Sonderling wird, der Unbekanntes scheut und Unbekannte meidet, weil das Gespenst des Misstrauens sein ständiger Begleiter wird. Zweimal warnte man mich in den USA vor kriminell verrufenen Orten. Jedesmal hielt der Warner den Ort, wo er sich selber aufhielt, für sicher, weil er sich dort gut auskannte, während der gefährliche Ort für ihn unüberblickbar war, weil weniger oder gar nicht bekannt. Einmal war es Miami, das andere Mal war es New York. Dabei nahm in der Phantasie der Warner die Gefahr ein unwahrscheinliches Ausmass an. In Miami musste laut Schilderung waffenstarrender Krieg herrschen: Kein Haushalt, hörte ich, sei ohne Schusswaffe.

Eine blosse Wegstunde mit dem Auto - in den USA ist das nicht viel mehr als ein Gang über die Strasse bei uns - kann genügen, dass man aus dem Umkreis, wo Schuld und Laster hausen sollen oder wirklich hausen, auf eine Welt ohne Arg und Falschheit stösst. Eine Stunde von Las Vegas entfernt traf ich auf einer einsamen Nebenstrasse, die zum Death Valley führte, auf ein parkiertes verlottertes Lieferungsauto. Eine Frau mit verwittertem Gesicht stand dabei und machte ein fragendes Zeichen, ob ich anhalten würde. Sollte ich? Oder war es eine Falle? Schon zweimal war ich auf meiner bisherigen Reise an Warnungstafeln vorbeigekommen, die vor Autostoppern warnten. Trotzdem war ich unklug und hielt an. Und siehe da: Ich war zu Recht hilfreich. Mein flüchtiges Misstrauen war unberechtigt. Auch die Frau, deren klappriger Wagen plötzlich gestreikt hatte, gab sich ihrerseits ohne jegliche Furcht. Sie hatte offenbar in dieser Gegend, wo sie, wie sie sagte, über eine Stunde auf das erste Auto gewartet hatte, von diesem ersten Autofahrer mit Sicherheit nichts anderes als Hilfe erwartet. Denn um Menschen und nicht um Monster zu finden, hatte sie sich aus der betriebsamen Welt nach dem einsamen Tecopa zurückgezogen, einem Ort, wie ich auf der Weiterreise bald sah, der inmitten einer Geröllwüste aus einem knappen Dutzend schäbiger Bretterbaracken bestand. „It's quiet here", sagte sie, „it's small, everybody knows each other." Davon konnte ich mir selber ein Bild machen, als ich mit dem Zettel, worauf die Frau einen gewissen Ken von ihrer Notlage unterrichtete, ins Dorf gefahren kam. Der Zettel brachte alle auf die Beine, d.h. alle ausser Ken, der einfach fehlte. Aber sie gingen ihn suchen, und sicher haben sie ihn gefunden, und sicher hat er der Frau geholfen.

Und doch zeigte mir wenig später eine ebenso einsame Gegend ein anderes Gesicht. Beim Herumbummeln in einem scheinbar friedlichen Flecken in den nordkalifornischen Wäldern stiess ich auf einen Steckbrief an der Tür zum Sheriffposten. Darauf war von einer Kindsentführung die Rede, die drei Jahre zurücklag und immer noch nicht geklärt worden war. Der Steckbrief hing eben wieder frisch an der Tür. Wenn auch die Entführung nicht direkt an diesem Ort stattgefunden hatte, so sagte mir der Sheriff doch, es sei auch hier in letzter Zeit versucht worden, Kinder zu entführen.

So schleicht das Gespenst, das Angst macht, nicht nur in den Grossstädten umher; und wenn es auch längst nicht immer 'Mord' heisst, so tötet es doch jedes vertrauensvolle Zusammenleben. Die 'Washington Post' vom 11. Juni 1992 berichtete davon, die Verbrechen, die sich bisher hauptsächlich auf die Stadtzentren beschränkt hätten, verbreiteten sich immer mehr in die Agglomerationen. Zwischen 1985 und 1990 hätten die Verbrechen nirgends so zugenommen wie in den Vorstädten. 42 Prozent aller Bewohner grösserer Agglomerationen hätten Angst, nachts in ihrer eigenen Nachbarschaft auszugehen. Der Bürgermeister von Hamburg, einer mir bekannten Wohnsiedlung bei Buffalo, erklärte: „The elderly vanish at dusk: More than ever before they get off the streets as soon as it gets dark." Betagte verschwinden bei Sonnenuntergang. Mehr als je verschwinden sie von den Strassen, sobald es eindunkelt. Bewogen durch den Mord an einem Jogger, riet im selben Zeitungsartikel der County Police Sergeant, Jogger sollten folgende Vorsichtsmassnahmen beachten: Durchforsche die Gegend zuerst. Stell fest, wo es ein Notruftelephon gibt und vergewissere dich, dass es funktioniert. Nimm Kleingeld mit zum Telephonieren. Lauf nicht allein. Wechsle ab sowohl bei der Wahl der Wegrouten als auch bei der Wahl der Tageszeit. Jogge nie am frühen Morgen und nie am späten Abend oder in der Dunkelheit.

Solche Warnungen machen Angst, und zwar dermassen, dass die Angst vor dem Verbrechen schlimmer wird als das Verbrechen selber. Die Leute verlieren die Lust am Leben in Freiheit. Sie schliessen sich ein und werden zu Gefangenen ihrer Angst. Die Städte werden zu Ghosttowns. „You don't want it where no one will talk to each other", klagten in der Zeitung die zur Vorsicht Ermahnten. Niemand möchte dort sein, wo niemand mit einem redet.

Eine solche Geisterstadt, wo niemand mit einem redete, war Los Angeles am 1. Mai 1992, einen Tag nach dem wüsten Aufruhr schwarzer Jugendlicher im Zentrum der Stadt. Jener Strassenschlacht, mit der sie gegen den Freispruch der Polizisten im Rodney King-Prozess protestierten, und bei der es mehr als zwei Dutzend Tote gab. Am Tag zuvor hatten dunkle Rauchschwaden, verursacht von unzähligen Bränden, die Sonne verdeckt und ein gespenstisches Dämmerlicht über die Innenstadt verbreitet. Das helle Licht des neuen Tages zeigte verlassene, kalte Brandstätten, leise durch die Strassen gleitende Polizeiautos, gelangweilte Militärwachtposten vor den Amtsgebäuden, ein paar gleichgültig dösende Heimatlose in den Parks. Dann und wann dröhnte das Schwirren eines tieffliegenden Helikopters. Wo sonst ein Menschengewimmel gewesen war, war alles leer. Die ersten amtlichen Vorkehrungen - Säuberung der Strassen von Glassplittern und Schutt - wirkten wie das Treiben von Beamten, die einen Toten aus dem Sterbezimmer entfernen. Sie arbeiteten behutsam und still. In den Häusern, hatte man das Gefühl, lagen die noch nicht Gestorbenen und warteten darauf, bis die Reihe an sie kommen würde. Ich kam mir als Spaziergänger deplaziert vor und verzog mich.

Im abgelegenen, von den Verwüstungen verschonten Tempelbezirk aus Kunsthalle und Konzertgebäuden rauschte ein klares Wasserspiel. Mit rhythmisch steigenden und fallenden Wassersäulen umspielte es eine Plastik von Jacques Lipchitz, die von ihren Stiftern als Friedenssymbol „den Menschen dieser Welt", wie es hiess, geschenkt worden war. Dort sass ich auf einer Steinbank und unterhielt mich mit einem jungen Bankangestellten, der über den Platz gekommen war und an diesem Tag, an dem alles anders war, plötzlich Zeit hatte zu einem Gespräch. „Das grösste Problem Amerikas", meinte er bedrückt, „ist das Verbrechen." Diesmal sei der Auslöser die Spannung zwischen Schwarz und Weiss gewesen und die Provokation der Schwarzen durch den Freispruch der weissen Polizisten, die einen schwarzen Autorowdy verprügelt hatten. Aber grundsätzlich liege es daran, dass zu viele Menschen zu viel erwarteten und zu wenig erreichten. Die paar schwarzen Spitzensportler, Idole der Nation, verführten die Massen junger Schwarzer zu einer Sportlerlaufbahn, an deren Ende sie Ruhm und Reichtum sähen. Mit 25 Jahren erwachten sie aus dem Traum vom Big Guy, zu spät, um noch etwas zu lernen. Zu langweilig auch. No future.

Möglicherweise würden sich aus ihnen die Banden herumlungernder Gleichgültiger bilden; möglicherweise produziere diese Enttäuschung über sich selber das, was ein amerikanischer Polizist die „I don't give a hell attitude" genannt habe, eine totale Wurstigkeit.

Wir müssen uns nur an die wilden Träume erinnern, die wir alle hatten als Heranwachsende, und an unsere eigenen Abstürze daraus. Und wir müssen nur einmal versuchen, sie uns vorzustellen in der jämmerlichen Welt aus Armut, Frustration und Lärm, in der viele amerikanische Grossstadtkinder aufwachsen. Wo das Verbrechen vor der Haustüre fast so häufig ist wie im Fernsehen. Wo die Mattscheibe platzt und Schüsse tatsächlich Einschläge hinterlassen, da verschwindet die Grenze zwischen Spiel und Wirklichkeit. Unvermutet gerät man aus der gespielten Welt in die wirkliche. „I need my little noise for the weekend", sagte ein Dreizehnjähriger zu einem Fünfzehnjährigen, der den Pfiff, wie man leicht zu Geld kommt, verstand, indem er Revolver an Kinder ausmietete. Und als das angebotene Kaliber nicht genügte, sagte der Kleine: „I need a big noise." So zu lesen in der 'Houston Post' vom 14. April 1992, mit der Bemerkung, derartige Geschäfte und Gespräche seien seit langem im Schwang in New York und Los Angeles. Nun beginne dieses Treiben auch in Houston. Bereits seien 1991 in Houston 31 tödliche Schüsse von Jungen unter 16 Jahren abgegeben worden. Kaum je, so scheint es, bestehe bei den Kindern die Absicht zu morden: Blosse Renommiererei führe zum Töten. „They carry the gun around", sagte die Zeitung, „they show it, they get themself a name."

Damit sich Halbwüchsige einen Namen machen können, lassen andere ihr Leben. Wenn der Big Noise vorbei und das Theater aus ist, bleiben auf der Bühne die Toten. Während die soeben noch 'Billy the Kid' Spielenden davonrennen und schreien: "It was an accident." Später stellen sie sich der Polizei. Was dann der Jugendrichter auch feststellt, ob Mord oder fahrlässige Tötung, die Geisterstunde ist aus. Das Leben beginnt wieder, nur ist es jetzt verpfuscht. Am 13. April endete laut Polizeibericht in Houston die Geisterstunde für das neunte und jüngste Mitglied einer Mordbande. Es stellte sich als letztes Bandenmitglied der Polizei nach einem Mord. „He was accompanied by his parents. It was his 13th birthday." Seine Eltern kamen mit ihm. Es war sein 13. Geburtstag.

Fun

Fun ist ein Zeichen für Überlegenheit: Spass macht überlegen. Wer einem Grizzlybären ins Gesicht lachen kann, macht ihn unsicher. Der Grizzly merkt instinktiv: Der hat keine Angst vor mir.

Es ist darum ein empfehlenswertes und brauchbares Rezept: Immer, wenn dich die Angst packen will, redest du dir energisch zu: Ich habe jetzt meinen Spass!

Offenbar war der Familienvater in der Besucherschlange vor mir am Eingang zum Epcot Center, einer der Abteilungen der Disney World bei Orlando in Florida, ein überzeugter Anhänger dieser Lebensregel. Noch an der Kasse, für sich und seine Schutzbefohlenen schwitzend den Eintrittspreis hinblätternd - 31 Dollars für Mom, 31 Dollars für Dad und 25 Dollars pro Kid - hörte ich ihn wiederholt heiter seiner vom Schlangestehen etwas mitgenommenen Familie die Losung geben: „We're having fun! We're having fun! We're having fun!"

Diesen Gegenwert für das Eintrittsgeld verspricht auch der Baxter Reiseführer; um aber dem Besucher selbst an der Kasse genug Kraft zu geben, dass er sich trotz Eintrittspreisschock daran erinnert, wird ehrlich vor dem hohen Preis gewarnt. Es wird von vornherein zugegeben: „Disney World ist kein billiger Spass."

Auch nach der Kasse verlangt der Spass Kräfte. Es gibt sieben Ausstellungszentren mit je einem besonderen Thema zu besuchen, zusammen mit einer in der Mitte plazierten Riesenplastikkugel, dem 'Spaceship Earth'. Diese Kugel ist das erste Hindernis auf dem Weg von der Kasse ins Ausstellungsgelände. Sie wirkt auf den Besucher, wie ein Fussball auf einen Käfer wirken muss. Nachdem man sich entschlossen hat, seine Fühlhörner trotz der drohenden Kugel ausgestreckt zu behalten - nur nicht jetzt schon Angst zeigen, nur jetzt ja an seinem Spass festhalten - dringt man in die geheimnisvoll glänzende Kugel ein.

Angekündigt wird einem: „Innerhalb einer 180 Fuss hohen" - das sind immerhin 60 Meter - „innerhalb einer 180 Fuss hohen Geosphäre spiralen Sie sich aus der Tiefe der Vergangenheit in die Höhe der Zukunft, wobei Sie die dramatische Entwicklung menschlicher Kommunikationsmittel verfolgen können; von den frühesten Höhlenzeichnungen schraubt man sich hinauf bis zur Satellitentechnologie. Dann schweben Sie durch eines der grössten Himmelszelte, die es auf der Welt gibt, und können dabei einen Blick werfen auf den bemerkenswerten Planeten, den wir unsere Heimat nennen." So weit der Prospekt.

Ich vertraute mich dem Menschenstrom an und liess mich in den Riesenfussball hineinschwemmen. Es folgte eine Reihe bombastischer Vorführungen, die nicht hinter dem perfektesten Jahrmarktbudenzauber zurückblieben - nur mein wackeliges Transportwägelein erinnerte mich trotz aller Magie immer noch an den wirklichen Zustand der Welt.

Beim Verlassen der Kugel spürte ich ein merkwürdiges Unwohlsein. Es verstärkte sich dauernd, während ich die sieben Zentren durchstand, die mich über einen spektakulär präsentierten wissenschaftlichen Höhenweg oder besser Höhenflug zu grandiosen Zukunftsaussichten führten. Nachdem ich im letzten Pavillon, der 'World of Motion', kreiert und bezahlt von der Firma General Motors, ins Evangelium der Bewegung eingeführt und in einer aberwitzigen Hetzjagd der Illusion ausgesetzt worden war, als sauste ich selber unbremsbar immer schneller in die Zukunft, taumelte ich ins schale Tageslicht hinaus.

Ich setzte mich an die nächstmögliche Stelle im Epcot Park - das Wort Epcot ist ein Kürzel für Experimental Prototype Community of Tomorrow - und versuchte angestrengt, mich wieder daran zu erinnern, wozu ich hergekommen war. Ach, richtig: to have fun! Auch der Prospekt, den ich an der Kasse erhalten hatte, versprach fun, sogar genauer: „futuristic fun!" Und auf den zwanzig Seiten im Baxter Reiseführer, die der Disney World eingeräumt werden - genau so viele wie für Los Angeles nötig sind, und wesentlich mehr als für ganz New Orleans oder ganz Boston, und doppelt so viele wie für Chicago - auf diesen eng beschriebenen Seiten war das Wort Spass mehrfach vorgekommen. Wo war er bloss geblieben?

Was ich eingehandelt hatte, war das Gegenteil dessen, was zu Lust an Spässen anregt. Ich war im Spaceship Earth und allen sieben Wissenschaftszentren nicht grösser, stärker, überlegener, übermütiger, freier geworden; ich war vielmehr eingeschrumpft zu einem Konzentrat aus Minderwertigkeitsgefühlen. Das Gefühl, das ich gespürt hatte, war ein krebsartig wachsendes Minderwertigkeitsgefühl gewesen. Vergeblich sagte ich laut zu mir: „I'm having fun! I'm having fun! I'm having fun!" Nicht einmal die Stiefmütterchen in den Blumenbeeten glaubten es mir.

Es blieb mir nichts anderes übrig, als Trost zu suchen bei meinen Mitmenschen, die um mich in grosser Zahl herumfluteten. Allzu viel Spass schienen sie eigentlich auch nicht zu haben. Sie sahen eher müde aus. Die kleinen Kinder heulten, die Babies schliefen. Die Menge erinnerte an Bilder von Menschen auf der Flucht. Wie ich, hatten auch sie offenbar etwas verloren: sich selber. Wie ich, suchten sie etwas: ebenfalls sich selber.

Doch die allwissenden und allmächtigen Bastler der Disney World hatten auch das vorausgesehen, dass die Besucher sich selber verlieren und damit zu jeglicher Selbstbestimmung unfähig werden würden. Nun galt es, sie freundlich bei der Hand zu nehmen, und diese Hand wurde liebevoll gereicht. Die 'new creative partnership', die uns allen auf der Reise durch die Pavillons versprochen worden war, konnte sich nun bewähren, hatte es doch geheissen: „Das Ziel dieser neuen kreativen Beziehung ist nicht der Status quo, sondern der Aufbruch zu neuen Phänomenen und neuen Werten."

Nach dem Durchgang durch das Wunderland der Zukunft waren wir reif dazu. Unsere dummen Spässe waren uns ausgetrieben worden. Der futuristische Spass konnte nun folgen. Er folgte auch. Ich entdeckte plötzlich: Die Stelle, wo ich versucht hatte, mich wiederzufinden, war eine besondere Stelle, wie alles etwas Besonderes war im Epcot. Es war ein 'Picture Spot', eine Stelle zum Photographieren. Die Firma Kodak, die den Pavillon 'Journey into Imagination' gestiftet und ausgerüstet hatte, hatte auch 'Picture Spots' gestiftet. Ich las auf einer Tafel: „This location is recommended by top photographers to help you tell the story of your visit in pictures" - dieser Ort wird von Spitzenphotographen empfohlen. Sie helfen Ihnen damit, die Geschichte Ihres Besuches in Bildern festzuhalten.

Aber ja, das war's doch! I was going to have fun - nicht jetzt! Jetzt war ich so k.o., dass ich mich selber beim selbständigen Photographieren gar nicht mehr zurechtgefunden hätte, aber „I was going to have futuristic fun!" Wie lange würde ich darauf warten müssen? Hoffentlich nicht zu lange.

Was, ganze zwei Stunden? Der Prospekt wagte es, bloss einen lumpigen 'Two-hour Photo Express Service' anzubieten? Dabei hatte doch ein verführerischer Slogan im General Electrics-Pavillon, der 'Horizons' hiess, womit eigentlich gemeint war: Fernsicht in die Zukunft, uns alle mit der Behauptung betäubt: „If you can dream it, you can do it" - was man träumen kann, kann man auch tun!

Aber eben: Das gerade konnte ich nicht mehr: Ich konnte nicht mehr träumen. Was konnte ich also noch tun? Nichts!

Und so tat ich das, was man tut, wenn man nichts mehr tun kann: Ich trank ein Coca-Cola!

Hier liegt Whittier

Thornton Wilder habe ich es zu verdanken: Er führte mich auf einen amerikanischen Friedhof, ohne dass ich deswegen ein Reisebüro bemühen musste. Wilder's Bühnenstück von der Kleinen Stadt spielt im letzten Akt auf einem Friedhof. Er liegt auf einem freistehenden Hügel in Neuengland, genau genommen in New Hampshire, und der Besucher hat von dort aus einen weiten Rundblick nach immer ferneren und blaueren Bergen. „Windumweht" sagt ein Übersetzer, sei dieser Hügel. Er wird damit romantischer, als Wilder's sachliche Angabe erlaubt. Wilder spricht von einem „windy hilltop". Und auch Wilder's Philosophieren über diesen Friedhof ist sprachlich spröd und unbeholfen. Dieser Friedhof hier, meint Wilder, sei, wie jeder Friedhof, ein besonderer Ort, denn hier warteten die Toten darauf, der Erde entwöhnt zu werden. „Entwöhnt", sagt er nachdenklich, „so möchte ich das nennen." „That's the way I put it - they get weaned away from earth."

Das Gefühl dafür, dass ein Friedhof ein besonderer Ort sei, habe ich selber seit früher Kindheit. Noch heute spüre ich ein Verlangen nach diesem Gefühl, wenn ich einen Friedhof betrete, und wenn es ausbleibt, ist dieser Friedhof für mich gar keiner, er ist bloss ein Feld voller Gräber. Ich entdeckte das Gefühl und gewöhnte mich daran bei frühen Besuchen auf dem Friedhof meines Heimatdorfes. Meine Mutter nahm mich an Sommerabenden, wenn die Hitze wich und der Kühle Platz machte, dorthin mit, wo sie im Dämmerschein zwischen abgebrochenen Marmorsäulen, Holzkreuzen und schwarzen Eibenbäumen die Gräber mir unbekannter Verwandter begoss und dazwischen mit anderen gleichermassen beschäftigten Frauen - der Friedhof war ein Frauenhof, ich erinnere mich nur an Frauen - leise und lange Gespräche führte. Auch mit mir sprach die Mutter auf dem Friedhof leise, ich hatte selber leise zu antworten, und ich durfte nicht rennen, aus Rücksicht auf die schlafenden Toten.

Durch den ersten amerikanischen Friedhof fuhr ich im Auto mittendurch, irgendwo im Süden, in Florida oder Alabama. Tempo achtzig. Ohne Abgrenzung zur Strasse lagen oder standen plötzlich Grabsteine wahllos verstreut links und rechts von mir. Zwei Eisenstäbe mit daran befestigten kleinen Flaggen, amerikanischen Sternenbannern, markierten auf der einen Seite einen Eingang, aber wie gesagt, es gab keinen, weil es keine Abgrenzung gab. Befremdet und unsicher hielt ich an. Ich stieg aus. Ich begann umherzugehen zwischen den Gräbern, ziemlich verloren, ohne das mindeste Gefühl. Hie und da sah ich Wachsblumensträusse auf Gräbern, etwas weiter entfernt werkelten zwei Frauen auf einem Grab, „auf Kosten der Angehörigen", wie sie mir auf meine Frage sagten. Zweimal stak ein kleines Sternenbanner neben einer kleinen Steinplatte, die anzeigte, dass der eine Begrabene Soldat gewesen war im ersten Weltkrieg, der andere im zweiten. Gestorben aber waren sie beide nach den Kriegen. Heldengräber waren es also nicht. Wozu dann die Flaggen?

Es vergingen fast zwei Monate, bevor ich die Antwort auf diese Frage erhielt. Am 25. Mai war es, einem Montag, als ich mit dem Auto unterwegs war im Staat Iowa. An diesem Tag beging Amerika den 'Memorial Day', einen Gedenktag an alle Verstorbenen, die je in einem Krieg Soldat gewesen waren, ohne Unterschied, ob sie dabei umgekommen waren oder ob sie überlebt hatten. Die Angehörigen dankten ihnen dafür, mitgemacht zu haben. Die Durchgangsstrassen durch die Siedlungen waren an diesem Tag mit Sternenbannern beflaggt. Doch nicht nur sie. Wimpel schmückten auch die Friedhöfe. Sie flatterten an etwa fünfzig Centimeter hohen Stäbchen auf allen Kriegsteilnehmergräbern: ein munteres Bild. Dazu waren die mit Fähnchen geschmückten Gräber frisch mit bunten Wachsblumen versehen. Wachsröslein rot, weiss und blau waren zu Arrangements zusammengestellt, Sternenbannerarrangements, natürlich. Falls Grossmutter oder Mutter eine amerikanische Kriegerin gewesen war, wurde mit einem aus Wachsblumen verfertigten kleinen Tableau gedankt, aus dem das amerikanische Zauberwort 'Mom' herausstrahlte. Zwischen den weitverstreuten Gräbern standen glänzende Autokarrossen herum: Die Familien besuchten ihre Toten. Gefühl? Bei ihnen eine Spur von Gefühl? Mehr als das. Eine patriotische Erhebung. Keine Spur allerdings bei mir von meinem vertrauten Friedhofgefühl.

Im Stich liess es mich auch in Concord, Massachussetts, in Amerikas Poetennest. Dass ich es anfänglich noch erwartete, führte zu beschwerlichen Folgen. Ich wollte die Grabstätten der in Concord bestatteten Dichter Emerson, Hawthorne und Thoreau besuchen. Geleitet von der Erwartung auf das Friedhofgefühl, parkierte ich meinen Wagen ausserhalb des Friedhofs - ein solches Ausserhalb war hier sehr deutlich, war doch die Friedhofanlage umzäunt und mit Eingängen versehen. Das schmale Törchen, dem ich mich als Fussgänger näherte, wies mit Tafel und Pfeil auf den Haupteingang: „Please use west gate for authors' ridge." Bitte Westeingang benützen zum Poetenhügel. Ich schwenkte um und folgte längere Zeit der den Friedhof umkreisenden Autostrasse. Je länger es dauerte, desto mehr verwünschte ich meine Unüberlegtheit, den Friedhof zu Fuss besuchen zu wollen. Die Verdrossenheit blieb auch, als ich endlich Einzug gehalten hatte im Friedhofareal und nun wohl oder übel den Wegangaben auf der in weiten Kurven angelegten Autostrasse folgen musste, die sich zwischen waldigen Hügeln in die Ferne schlängelte. Fusspfade, die Abkürzungen versprachen, waren nämlich ohne Wegangaben und so für den Neuling unbrauchbar. Offensichtlich hatte niemand einen Fussgänger erwartet: Zum 'Authors' Ridge', wo der weltfremde Transzendentalist Emerson neben dem menschenscheuen Romantiker Hawthorne und dem originellen Naturburschen Thoreau lag, fuhr man im Auto.

Nach ermüdender Wanderung in der Einsamkeit - es war noch zu früh für Autofahrer - fand ich mitten im waldigen Gelände den Hügel mit ein paar schlichten Steinen darauf. Für mein Friedhofgefühl gerade das richtige. Aber in meiner Verdrossenheit über meinen zeitverschwenderischen Fehlentscheid, zu Fuss zu gehen, und auch ermüdet, verbiss ich mich in die Absicht, die Gräber zu photographieren. Mit dem Herumpirschen um die Steine, dem Herumschwenken der Kamera und dem Beobachten von Licht und Schatten im Sucher verdarb ich mir selber alles. Man kann eben nicht beides haben: ein Photo und erst noch ein Gefühl!

Dem Friedhofgefühl abträglich war auch meine Wahl von Abkürzungen auf dem Rückweg. Ich verirrte mich in dem Berg- und Talgelände und kam endlich in übler Laune aus dem Irrgarten heraus. Dichter sind mühsam, wenn man sich mit ihnen auf eigene Faust abgibt.

Durch dieses Erlebnis klüger geworden, bog ich ein paar Tage später in Amesbury gleich mit dem Auto in den Friedhof ein, den 'Amesbury Union Cemetery'. Ich durchfuhr ihn auf der Suche nach Whittier's Grab. John Greenleaf Whittier ist der Johann Peter Hebel der amerikanischen Literatur, mit der Zugabe, dass er Quäker war. Ich durchkreuzte den Friedhof auf allen fahrbaren Strassen - es waren nicht wenige - und überflog beim Vorbeifahren auf den stehenden Grabsteinen die Namen der links und rechts Begrabenen, ohne Erfolg, aber mit wachsender Ungeduld. Man kennt die Mühsal vom Hausnummernsuchen aus dem fahrenden Auto. Schliesslich, knapp vor dem Aufgeben, stieg ich nun doch wieder aus. Hier in

Amesbury gab es, im Unterschied zu Concord, überhaupt keine Wegleitung ausser einer rostigen Tafel neben der am Friedhof vorbeiführenden Autostrasse mit dem kurzen Vermerk: "Here lies Whittier." Es fehlte nur noch die Aufforderung: „Take your chance!" Was bedeutete schon 'here' auf dieser Riesenfläche, auf der ich an unzähligen martialischen Kanonenrohren und Kanonenkugelpyramiden vorbeigekommen war, Zeugen aus kriegerischer Zeit, aber an keinem Whittier-Grab!

Doch diesmal hatte ich es ausgerechnet mit dem Auto falsch getroffen. Dem umsichtigen Fussgänger zeigte sich bald ein verrostetes Täfelchen mit dem Hinweis 'Whittier Path', zum Whittierweglein. Und dem Findigen winkte sogar die Belohnung. Wie ein Osterei war das Steinlein des Poetengrabs zwischen Thujabüschen versteckt, und nicht nur es. Mit John Greenleaf war hier die ganze Familie versammelt. Wie in seinem Leben befand er sich auch im Tod unter Schwestern und Tanten, jede Tote mit einem besonderen Steinlein, jede im Tod noch ein amerikanisches Individuum. Doch zwischen den Heumaden - die weiten Flächen zwischen den Gräbern waren frisch gemäht worden - blieb das Gefühl der Abgeschiedenheit aus. Ich hatte mehr das Gefühl, ein Archivar in einem Familienarchiv zu sein. Man konnte auf Vergangenes greifen, wenn man es brauchte. Aber nichts deutete darauf hin, dass es jemanden gab, der es brauchte.

Der letzte Friedhofbesuch in Amerika galt dem Grab von Emily Dickinson in Amherst, der Grabstätte jenes rätselhaften Fräuleins, das sich schon zu Lebzeiten im eigenen Zimmer begrub und das die todessüchtige Zeile schrieb: „How good to be in tombs!" Wie gut, in Gräbern zu sein! Nur der Bibliothekar des Amherst College wusste Bescheid, wo das Grab zu finden war. Eine einheimische Advokatin, mit der ich über den Lunchtisch plauderte, sprach zwar den Wunsch aus, sie möchte die Welt auch so anschauen gehen, wie ich das gerade tat, aber den Anfang dazu verpasste sie bereits, als ich sie einlud, mit mir zu Emily's Grab zu kommen. Sie glaubte an kein solches Grab, sie hatte nie davon gehört, und zudem musste sie zurück zur Arbeit.

Der Friedhof war schnell gefunden, ein von Parkmauern und einer Häuserreihe gegen die Strasse eingeschlossenes Dreieck voller Grabsteine. Man musste wissen, wo der Friedhof war. Es war ein richtiger Hof, vom Treiben der Lebenden abgegrenzt, von den Lebenden übersehen und vergessen.

Bald war ich bei Emily's Grab. Es steht darauf ein schmuckloser, von einem Eisengitter umgebener aufgerichteter Stein. Er steht zwischen dem vom gleichen Gitter eingefriedeten Stein ihrer Schwester und dem ihres Vaters und ihrer Mutter. Wie tröstlich, dieser Schutz um Emily! Neben ihrem Stein steht ein Eibenbaum, ein schwarzer, einer wie ehemals auf dem Dorffriedhof bei mir zu Hause. Es war still. Niemand kam, nur das alte Gefühl.

Vorne, beim Gässchen, das zwischen den Häusern aus dem Friedhof führte, lagen die ältesten Gräber, mit Jahreszahlen 1763, 1767, 1776. Niemand hatte je daran gerührt. Ihre Toten warteten. Wie hatte Wilder gesagt? Sie warteten darauf, der Erde entwöhnt zu werden. Diese hier waren es wohl schon.

„Time is money." Nicht nur. In diesem Winkel Amerikas war es anders. „Time? Time is - time."

Bepflanzen verboten

Stell dir vor: Du gehst durch die Strassen einer Stadt und gerätst dabei in ein Paradox. Du betrittst nämlich einen Platz, wo kein Platz ist. Weil du nämlich in einen Abfallhaufen hineinstapfst, in einen breitgestreuten, zugegeben, dennoch ist es ein Haufen aus Papierbechern, Kartontellern, Pommesfritesschälchen und Trinkröhrchen.

Eine solche Kehrichtanlage gab es in Basel am Barfüsserplatz, und zwar auf dem Platz vor dem ersten Mc Donald's in den ersten paar Jahren. Wahrscheinlich glaubte die Klientel, dem Ort betonte Nachlässigkeit schuldig zu sein, damit er amerikanische Ambience erhalte. Unterdessen müssen die meisten der Kunden in Amerika gewesen sein. Die neue Sauberkeit vor dem Lokal spricht dafür.

Vor einem Mc Donald's in Amerika findest du nämlich nur Autos, und zumeist erst noch sauber glänzende. Selbst am Times Square in New York, wo keine Autos davorstehen, musst du nach dem Mc Donald's umherschauen, der Zustand des Trottoirs zeigt dir seine Präsenz nicht an, das Trottoir ist auch hier sauber. Die Besucher der Fast Food-Stätte, es sind Leute jeden Alters, nicht nur junge Flegel und

Gören, schieben beim Weggehen den Abfall in die Abfallbehälter, die man daran erkennt, dass 'Thank you' auf den Klappen steht. Wo das Verpackungsmaterial für Essen und Trinken hinkommt, wenn die Leute das Gekaufte im Wagen mitnehmen, bleibt verborgen. An den Strassenrändern findet es sich jedenfalls nicht. Dafür stehen dort Mahntafeln. 'Keep Texas clean', z.B. und 'Fine for Littering 100 dollars', eine saftige Bussenanzeige für Schmutzfinke. Oder Freiwillige, z.B. Angestellte einer örtlichen Firma, melden auf grossen Tafeln, sie übernähmen die Säuberung der Strassenränder für, sagen wir, die nächsten zwei Meilen; von dort an löst sie eine andere Gruppe ab, und so immer weiter, über die ganzen USA.

Quer über dieses Land könnte man als Aufschrift 'Sauberkeit' schreiben, und Sauberkeit ist hier ein Synonym für Anstand. Möglich, dass man trotz aller Sauberkeit dennoch nicht anständig ist, aber man möchte es immerhin sein, und mit der Sauberkeit demonstriert man diese Absicht. In der Schweiz halten wir derartige Demonstrationen für überflüssig. Unsere Sauberkeit hat Weltruf, meinen wir wenigstens, und wir schämen uns heimlich deswegen ein bisschen, gerade weil sauber und brav eben doch ein Begriffspaar sind. Als mir aber eine im Westen nicht bewanderte Ostdeutsche erleichtert erklärte, sie habe nach Durchquerung der saubergeleckten Bundesrepublik erst im Bahnhof Basel wieder zu atmen gewagt, weil da auch allerlei Schmutz herumgelegen habe, spürte ich doch, dass mich dieses Lob verstimmte. Mit einem Mal wünschte ich, auch die

Schweizer würden ihren Anstand zeigen oder vielmehr auch so tun, als hätten sie welchen. Der Aufrichtigkeitsfimmel vornehmlich junger Schweizer stört mich.

Mit der Sauberkeit ist es eben, wie mit jeder Tugend, so eine Sache. Eine Tugend ist immer nicht mehr als eine Tugend; mehr daraus machen zu wollen, führt zur Verirrung, zur Überschätzung. Ein sauberer Mensch ist ein sauberer Mensch, mehr nicht, anständig ist er mit Sicherheit nur von dieser Seite aus. Erhebt er Anspruch auf uneingeschränkten Anstand, muss er den Anstand selber zu einer weiteren Tugend machen, mitgeliefert mit anderen Tugenden wird er nur stückweise. Wir sind es gewohnt, ihn so anzutreffen, nud und pur fehlt dem Anstand der Charme. Wollen wir also in mehr als einer Verhaltensdisziplin anständig sein, sind wir auf mehr als eine Tugend angewiesen. Die Frage, ob anständig oder nicht, wird zu einer Frage des Masses. Zu viele Tugenden nämlich stören das menschliche Gleichgewicht, so sehr, dass im Extrem die Summe aller Tugenden überhaupt keinen Menschen mehr ergibt.

Aber selbst wenn man nur eine einzige Tugend haben sollte, meine ich, gilt es, damit Mass zu halten. Und ich berufe mich dabei auf einen Menschenkenner wie Shakespeare. Gibt er mir nicht recht, wenn er den Wert von Hamlets Reinheitsstreben, seine jugendliche Empfindsamkeit, in Frage stellt? Wäre Hamlet König geworden, sagt sein Freund Horatio in der Totenrede auf ihn, er wäre höchst ehrenhaft gewesen. Ein solcher Mensch aber wird nach Shakespeares tragischer Einsicht eben nicht König!

Und die sauberen Amerikaner? Sind sie auch tragische Tugendbolde? Kirchen und Kapellen, Konfessionen und Sekten gibt es zu dieser Vermutung genug in den USA. Oder sind die vielen kirchlichen Gebäude nur Vorzeigeobjekte für nicht Vorhandenes? Ein Exhibitionist braucht ja kein Sexprotz zu sein, ein sich zur Schau stellender Kirchgänger kein Nobelexemplar des homo sapiens. Ist Sauberkeit in den USA hauptsächlich darum so etwas wie eine Nationaltugend, weil sie präsentierbar ist, weil sie in die Augen springt, weil sie eine Show ergibt? Wird darum die weisse Weste eines amerikanischen Präsidentschaftskandidaten in aller Öffentlichkeit auf Lupenreinheit geprüft, damit sich die sauberste Nation der Welt an der Blütenweisse erfreuen oder sich angeekelt von ein paar Stäubchen abwenden kann? Im einen Fall gibt es ein Freudenfest der Reinen mit dem Reinen, im andern Fall die Verstossung des Unsauberen durch die Sauberen. Beides schafft Vergnügen.

Wie der Hamlet zeigt, kann ein Übermass an Tugend zur Tragik führen; es kann aber auch komisch werden. Es ist bekanntlich eine Binsenwahrheit, dass vom Erhabenen zum Lächerlichen nur ein winziger Schritt ist. Ist die amerikanische Sauberkeit erhaben oder lächerlich? Ein Werturteil zuverlässig zu fällen, ist schwierig, ein generelles Urteil wohl kaum möglich. Ich will darum unter den mir bekannten Fällen amerikanischer Sauberkeit ein Beispiel wählen, wo, wie mir scheint, der Bogen der Sauberkeit dermassen überspannt wird, dass mir das Ergebnis fraglos lächerlich vorkommt. Leider muss ich zugeben, dass mir ein gleichermassen eindeutig erhabenes fehlt. Es handelt sich bei dem vorliegenden Beispiel übrigens nicht um einen Fall moralischer Sauberkeit, was ihn wohl schon wieder schwieriger für eine eindeutige Schätzung machen würde, sondern um einen Fall einfacher materieller Sauberkeit, um Reinlichkeit also und nicht Reinheit. Es geht dabei um etwas grundsätzlich Wünschbares, um etwas sogenannt Positives. Zweifelhaft, ich meine sogar, höchst unerwünscht wird Reinlichkeit erst in der Übertreibung. Im vorliegenden Fall handelt es sich um eine solche Übertreibung. Dass es so etwas im Land der unbegrenzten Möglichkeiten gibt, sollte nicht überraschen.

Ich leite über mit einer grundsätzlichen Feststellung: Von Natur aus ist der Mensch unordentlich. Kinderzimmer, wenn ihren Insassen überlassen, bieten einen chaotischen Anblick. Für Sauberkeit und Ordnung braucht es Weisungen, Vorschriften, Gesetze.

Vorschriftenbarrikaden sind in Amerika keine Seltenheit. Ich erinnere mich an eine exemplarische beim Abstieg an einen kleinen Waldsee. Die Sperre begann mit 'No parking'. Gut, man versorgt das Auto anderswo, steigt aus mit Kind, Kegel und Hund und kommt zurück. Man findet dann das zweite Verbot: 'No pets any season'. Folgsam geht man zurück und verstaut den Hund im Auto. Mit Kind und Kegel kommt man wieder. Bei der dritten Aufwartung stört das weitere Verbot nicht mehr, es stellt sich höchstens die Frage, warum es vorkommt, es heisst nämlich 'No pets allowed'. Eine Frage wirft auch die nächste Weisung auf: 'Alcoholic beverages prohibited', alkoholische Getränke also verboten. Darf man nun alkoholische Getränke mitnehmen und nur nicht trinken, oder darf man gar keine bei sich haben? Vorsichtshalber trägt man sie zurück in den Wagen und kommt zum viertenmal wieder. Man hat vorher vor lauter Tafeln die Vorschrift übersehen 'No inflatables' - also geht man geschlagen zurück mit der Luftmatratze, es heisst ja nicht, dass man eine zwar haben, sie aber nur nicht aufblasen darf. Und dann kommt man wieder, nicht mehr so recht in Ferienstimmung, zugegeben. Das Verbot 'No fires' verhindert nicht nur jegliches Anzünden, es löscht sogar den letzten Rest von guter Laune, hat man doch rohes Fleisch für ein Barbecue im Gepäck. Das Versprechen 'Icecream' verfängt nun nicht mehr voll, selbst wenn dabei die beruhigende Versicherung steht, sie werde am Strand in einem 'Concession Truck', also einem konzessionierten Verkaufsgefährt, feilgeboten. Immerhin beruhigend, diese Versicherung, man werde also beim Kauf nicht Mithelfer eines Verbrechens, der Verkäufer verkaufe konzessionierte Ice-Cream. Zuguterletzt also doch wieder 'Have a nice day', auch hier. Übrigens geht die letzte Angabe schon über die Morallinie - es ist so schwierig, Reinlichkeit und Reinheit sauber auseinanderzuhalten.

Vielleicht darum noch ein Beispiel, ein noch eindeutiger reinliches. Etwa das vom Meadowridge Memorial Park? Warum nicht? Es handelt sich dabei um einen piekfeinen Friedhof an der Baltimore Avenue zwischen Washington und Baltimore. Die Friedhofsordnung - ihre flüchtige Kopierung dauerte etwa eine Viertelstunde - sorgte für jede nur erdenkliche Ordnung; für Ruhe, wie sich das auf einem Friedhof versteht, brauchte sie nicht zu sorgen. Es herrschte buchstäblich Totenstille.

Unter den zahllosen Regeln dieser Ordnung fand ich besonders lehrreich die Definition für eine Vasenart, die für seidene oder wächserne Kunstblumen gestattet ist, und die sich 'permanent vase' nennt, also etwa 'Dauervase', im Unterschied zur 'temporary vase', der 'Fristvase', und zwar wohlgemerkt der 'approved temporary vase' - also einer amtlich bewilligten Fristvase, weil offenbar nicht amtlich Vergängliches auf dem Friedhof suspekt ist. Frische Blumen fallen darum auch diesem Misstrauen anheim. Sie sind jeweils nur für die Dauer einer Woche gestattet, und zwar nur für die Woche nach Ostern, Muttertag, Memorial Day, Vatertag und Thanksgiving. Weihnachtsdekorationen sind ab 10. Dezember zulässig. Und dann fehlen auch hier die Verbote nicht, etwa 'No planting is permitted': Bepflanzen verboten. Das sterile Aussehen des Friedhofs erinnert an einen Exerzierplatz am Tag der grossen Inspektion. Man hat die Vermutung: Der jüngste Tag wird hier als Sauberkeitsinspektion stattfinden.

Was mich übrigens zum Schluss erinnert an das Sauberkeitszeremoniell am Grab des unbekannten Soldaten im Arlington Cemetery in Washington. Ich will nicht sagen, dass die bei der Wachtablösung stattfindende peinlich genaue Sauberkeitsinspektion lächerlich auf mich gewirkt habe, oder auf irgendwelche

Zuschauer. Ich fand sie irgendwie grauenhaft an dieser Stätte, wo man der Toten gedenken sollte, ihres Opfers, und wo man nach dem Sinn dieses Opfers fragen könnte. Und stattdessen die Sauberkeit des Militärs vorgeführt bekommt: Schliff statt Sinn. Ich überlasse das Urteil darüber den dort vorhandenen Beigesetzten, den diversen unbekannten Soldaten aus diversen bekannten Kriegen. Ich selber stehe sonst immer gerührt am Grab eines unbekannten Soldaten; ich habe schon an einer ganzen Anzahl solcher Gräber gestanden: in Paris, in London, in Warschau, in Moskau. Ich schätzte jeweils die Zeremonie des Wachtaufzuges, ich verstand sie als Ehrbezeugung für den die vielen Unbekannten repräsentierenden einen Toten. In den USA störte mich an dieser Stätte, wie auch mehrfach an andern, der Drang nach Sauberkeit und Ordnung. Meine Einstimmung in etwas, was ich zu finden erwartet hatte, aber nicht fand, kam nicht zustande. Was kam, war lediglich eine wachsende Verstimmung.

War der Atlantik doch breiter, als die wenigen Flugstunden ihn hatten erscheinen lassen?

Mir war jedesmal bei solchen Gelegenheiten, wie wenn ich in der Luft hängengeblieben wäre; ringsum schienen alle auf dem Boden zu stehen, nur mir fehlte er unter den Füssen. Es war höchst peinlich, und ich verstand: Ich war hier fremd.

Law and Order

Wenn in Amerika die Erde wackelt, wird der Amerikaner zwar auch erschüttert, aber nur physisch. Psychisch erschüttert wird er erst, wenn das Gesetz wackelt.

'Law and order', Gesetz und Ordnung: ein amerikanisches Begriffspaar. Aber nicht aus gleichwertigen Begriffen. Zwischen 'law' und 'order' besteht ein kausaler Zusammenhang: 'Law' ist die Voraussetzung für 'order'. Ohne Gesetz keine Ordnung. Erst angesichts dieser zwangsläufigen Bedingung ermisst man, was das Wort, das in den Pionierzeiten grassierte, bedeutete: ein 'Outlaw'. Es sagte, dass hier jemand war, der sich ausserhalb des Gesetzes aufhielt. Es war ein Schreckwort, denn es bezeichnete ein Monstrum, das aus dem Verband der Menschheit ausgebrochen war und das darum für vogelfrei galt. Es war das schlimmste, was man sein konnte: 'an outlaw'! Man muss begreifen, dass sich der Pionier, dem gewöhnlich, abgesehen von seiner eigenen Kraft, jeder Schutz fehlte, geradezu mit Todesangst ans Gesetz klammerte: Es allein deckte seinen Anspruch auf Sicherheit, selbst wenn es unter den Verhältnissen, denen die Pioniere ausgesetzt waren, eine bloss illusorische Sicherheit war.

Von daher begriff ich auch, dass in dem an Unsicherheiten und Verzweiflungen nicht armen Bereich des amerikanischen Gesundheitswesens der Ruf nach dem Gesetz immer lauter ertönt. In der vom Staat bisher nicht genügend regulierten Praxis des Gesundheitswesens herrschen Zustände, die an Verhältnisse in der Wildnis erinnern. Im Capitol in San Francisco, dem Sitz der City- und Countyregierung, nicht etwa der Staatsregierung von Kalifornien, die sitzt bekanntlich in der Hauptstadt Sacramento, gelang es mir, am nächsten an die bürokratischen Vorkehrungen heranzukommen, mit denen die wachsende Wüste der Verarmung und Schutzlosigkeit der Kranken in Grenzen gehalten werden soll. Selbst da kam ich nur bis zu einer Aussenstation, einem einsamen Fort im Kampf gegen das Unmenschliche. Eine Jean Nudelman war es schliesslich, die junge, eifrige und freundliche Sekretärin des nicht erreichbaren Larry Meredith, des Deputy Directors of Operations im Health Department der County of San Francisco, die fünf Minuten aus ihrem hektischen Tageslauf herausriss und sich mir nach langer Wartezeit für diese Frist kurz gegenübersetzte. Nach den fünf Minuten wusste ich: Man weiss auch hier alles, all das Schlimme; aber man kann auch hier nicht helfen. Ich bekam Literaturangaben zum Elend, sogar Schriftliches händigte man mir aus, man war wirklich zuvorkommend.

Aber bei der ständigen Arbeit mit Papierbergen war auch die freundliche Sekretärin abgestumpft, so abgestumpft, dass sie gedankenlos von den nicht zahlungsfähigen Patienten als Abfall sprach: „They are dumped to a public hospital", sagte sie gleichgültig:

Man wirft sie zum Abfall in ein öffentliches Spital. Bewegt wurde ihre Stimme erst, als sie den Grund all des Elends nannte. Nach ihr war der Grund ein rein juristischer. Ich staunte. Sie erwartete eine Besserung allein vom Gesetz. 'Law would create order', die Zauberformel würde wirken, das Gesetz würde Ordnung schaffen, absolut und automatisch. Sie erklärte: Wir haben noch kein Recht auf Gesundheit in diesem Land - 'no right for health', das sei das Problem. Und wirklich, unter den dem Amerikaner heiligen Menschenrechten, dem Recht auf Freiheit z.B., fehlt das Recht auf Gesundheit. Dieses Recht sei zu deklarieren, meinte Jean, dann werde alles gut. Mit diesem Stein der Weisen verliess ich nach dem fünfminütigen Interview das domartige Capitol, und ich muss bekennen, mit starken Zweifeln an seiner Wirksamkeit.

Vielleicht unberechtigten Zweifeln. Für Amerika unberechtigten. Sicher würde man in Amerika das Recht auf Gesundheit sehr ernst nehmen und ihm auf alle erdenklichen Arten nachzuleben versuchen. Denn man ist in Amerika hochempfindlich gegen Gesetzesverletzungen. Wenigstens gibt man sich so. Nach dem Urteil in Los Angeles Ende April 1992, das den Freispruch für vier Polizisten bewirkte, welche einen schwarzen Autorowdy gejagt, gestellt und dann spitalreif geprügelt hatten, gingen die Wogen der Angst zwar hoch über die auf den Freispruch folgenden blutigen Ausschreitungen, aber noch bedeutend höher gingen sie darüber, dass man diese Jury und damit das ganze amerikanische Gerichtswesen für gesetzlos hielt. Der Aufschrei darüber von Christopher

A. Jones erschien auf der Leserseite der 'Salt Lake City Tribune' noch mehr als vierzehn Tage nach dem Aufruhr. Er schrieb, nachdem er einleitend versicherte, seine Familienverhältnisse seien besonders gesittet, seine Einkünfte überdurchschnittlich hoch: „Ich bin nie von der Polizei belästigt worden. Und doch fühle ich mich bedroht seit dem Freispruch für die vier Polizisten, die Rodney King schlugen." Und weiter schrieb er in höchster Sorge: „Wie kann es irgend jemandem unter uns wohl sein, wenn die Hüter des Rechts zumindest in diesem Fall anscheinend so wenig Rücksicht nehmen auf unser amerikanisches Erbe: die Achtung vor dem Einzelnen? Im Original: „ ... regard for our American heritage of respect for the individual." Und er schliesst: „Mir ist nicht wohl bei dem Gedanken, die Polizei könnte über dem Gesetz stehen." Das heisst: Er fürchtete, das Gesetz könnte ihn nicht mehr vor der Polizei schützen.

Stünde die Polizei in Amerika tatsächlich über dem Gesetz, wäre das Urteil von Los Angeles tatsächlich der Beweis dafür, so wäre Christopher's Warnung ein erstaunlich zaghafter Ausruf der Angst, weiss man doch, dass ein Staat, dessen Polizei über dem Gesetz steht, in der Barbarei versinkt. Dass es in Amerika aber gar nicht so weit kommen könnte, selbst wenn die amerikanische Polizei es wollte, dafür sorgen die Nachrichtenhörer und Nachrichtenleser und die gepfefferte Leserbriefe Schreibenden tagein, tagaus. Nicht die kleinste Gesetzesritzung darf ihnen vor die Augen oder zu Ohren kommen. Wo man glaubt, eine Übertretung des Gesetzes ausmachen zu können, und wäre es eine noch so winzige, da wird in den Medien oder bei den politischen Instanzen energisch reagiert. Es herrscht eine zimperliche Empfindlichkeit, die sicher noch auf die Zeit vor 1776 zurückgeht, als England seine amerikanischen Kolonien ohne jedes politische Fingerspitzengefühl behandelte. Das damals den Engländern fehlende Taktgefühl für Gesetzliches wird ihnen bis heute nicht verziehen, wie die wiederholte und nachdrückliche Versicherung des Fremdenführers in der Independence Hall in Philadelphia zeigte. Im alten Gerichtssaal des ehrwürdigen Gebäudes, referierte er sachlich, sei Recht gesprochen worden, und dann fügte er mit abschätziger Ironie hinzu, und zwar mehrmals: „Recht nach englischem Gesetz", ...'after English law', also nach keinem, wollte er damit sagen.

Amerikanische Gesetze sind eben etwas ganz anderes. Mag in Amerika passieren, was will, die Gesetze sind daran nicht schuld, sie sind gerecht und gut und darum zu befolgen. Hätte man die Verfassung befolgt, nie hätte man im Zweiten Weltkrieg an der Pazifikküste Menschen japanischer Herkunft, auch wenn viele schon längst Amerikaner waren, in Internierungslagern hinter Stacheldraht eingesperrt. Für diesen Gesetzesverstoss, nicht wegen der misshandelten Japaner, schämt man sich heute öffentlich. In der die amerikanischen Gemüter seit langem erhitzenden Abtreibungsfrage, für deren Lösung die Gegner der Abtreibung verlangen, das 'Recht auf Leben' sei gerichtlich zu schützen, entzieht sich der Supreme Court weise jeglicher Stellungnahme. Die von einer gesetzlichen Festlegung ausgelösten Folgen wären

115

bestimmt katastrophal. Vielleicht käme es wieder zu einem Sezessionskrieg, einem Riss, der diesmal mitten durch die Familien gehen könnte. Da der Gerichtshof die Entscheidung in der Frage der Abtreibung schon in einem berühmten früheren Verfahren, dem Roe versus Ward-Fall, den Politikern zuwies, sind jene, die damals Applaus spendeten, die Befürworter der Abtreibung nämlich, nicht bereit, den eroberten Boden preiszugeben. Bereits fand sich im 'Providence Journal Bulletin', einer angesehenen Tageszeitung in Rhode Island, ein flammender Artikel gegen jede eventuelle nachträgliche Sinnesänderung des Obersten Gerichtshofes. Der Schreiber meinte, etwas derartiges könnte dem Ansehen dieses Gremiums unnötig schaden, und, was viel schlimmer wäre, es könnte das Engagement der ganzen Nation für die Herrschaft des Gesetzes zunichte machen, wörtlich: „the Nation's commitment to the rule of law."

Nun ist ausgerechnet Rhode Island ein Staat, der von altersher die Freiheit, ursprünglich war es die Religionsfreiheit, besonders hochhält, und so könnte es überraschen, dass gerade hier dem Gesetz absolute Herrschaft eingeräumt wird. Aber der Amerikaner versteht eben unter Freiheit: Spielraum innerhalb der Herrschaft des Gesetzes. Mit der Feststellung 'it is the law' hört jede freiheitliche Ermessensfrage auf.

Wer Amerika mit dem Auto bereist, kennt das überall auf Tafeln am Strassenrand aufgestellte Gebot: 'Buckle up' - Gurten tragen. Das ist unmissverständlich, aber nicht verpflichtend. Der Amerikaner will den Grund wissen, warum er es tun soll, und so folgt gleich nach dem 'Buckle up': „It's the law." Das genügt. Nur in Virginia, einem Staat, der an der Spitze der Aufständischen den Sezessionskrieg anführte, unterscheidet man immer noch schmollend zwischen zwei Arten von Gesetzen, annehmbaren und unannehmbaren, und so heisst das Gebot an den Strassen in Virginia: „Buckle up, it's a law we can live with." Einem Gesetz, mit dem sich nicht leben lässt, wird, so ist zu fürchten, in Virginia wie eh und je nicht Gefolgschaft geleistet.

Noch näher bei der Anarchie lebt man in New Mexico. Ein junger Flieger auf einem Sportflugplatz rühmte die amerikanische Freiheit in der Luft: Es gebe viel weniger Gesetze als in Europa. Aber selbst die wenigen waren ihm zu viel: Es gebe viel zu viele Juristen, die die wenigen durchsetzten.

Historisch aufschlussreich ist auch der drohende Hinweis auf einer Verkehrstafel bei einem Fussgängerstreifen in Plymouth, Massachusetts. Es heisst dort: „State law: Stop for pedestrians in crosswalk" - auf Deutsch: Staatsgesetz: Anhalten für Fussgänger auf dem Fussgängerstreifen! Die Tafel steht dort an der Strasse, wo ein Schiffsmodell der Mayflower in Originalgrösse angedockt ist, des Schiffs, das 1620 mit 102 Einwanderern, darunter den legendären Pilgervätern, hier eintraf. Es ist dieselbe Stelle, wo der Plymouth Rock unter einem Tempeldach liegt, ein runder Steinblock, auf den bei der Landung der vorderste Pilgervater den Fuss setzte. Die Tafel steht also an historischer Stätte. Der Text auf der Tafel ist in Ton und Wortlaut so uramerikanisch, dass man zu der Vermutung neigt, die Pilgerväter hätten die Tafel schon bei der ersten Landung benutzt, indem sie sie über den Plymouth Rock an Land schleppten und oben an der Küstenstrasse postierten, bevor sie die Strasse, nun vom Gesetz vor rücksichtslosen Autorowdies geschützt, überquerten und sich dann ins gesetzlose Landesinnere vorpirschten, behutsam und ab jetzt für eine Weile nur noch auf Gott vertrauend. Die Tafel aber liessen sie an der Strasse stehen, wo sie bis heute für den neuen ernsten Geist zeugt: „State law: Stop for pedestrians in crosswalk."

In England, wo sich die Pilgerväter bekanntlich nicht wohl gefühlt hatten, hätte es auf Verkehrstafeln mit dem nämlichen Zweck, Fussgänger zu schonen, weichlich bittend geheissen: „Please, avoid running over pedestrians, if possible." Am Wortlaut der amerikanischen Tafel sieht man, wie schnell sich die geistige Entfremdung zwischen dem Mutterland und den Kolonien einstellte.

Die amerikanische Vorliebe für Tafeln mit strikten Gesetzesweisungen führt zu harten Konfrontationen, gerade dann, wenn man sich gerne ein bisschen gehen liesse, z.B. in Parks. In New York City, wo das Gesetz bei den Umtrieben von allerlei Gesetzesschwachen oder gar Gesetzlosen besonders leicht verletzlich ist, werden im Park um die City Hall in Downtown Manhatten die Hundebesitzer zur Ordnung gemahnt mit Tafeln: „It's the law. Clean up after your dog." Auf Deutsch: Das Gesetz verlangt: Aufputzen, was das Hundchen fallen lässt. Wenn nicht, gibt's eine Busse von 100 Dollar! Nicht wegen des Hundedrecks, bewahre, der ist klein; gross hingegen ist der Gesetzesbruch.

Wenige Meter von diesem Park hält die Catholic Church of St. Andrew Schritt mit dem säkularen Gesetz. An ihrem griechischen Giebel prangen die Worte: „Beati qui ambulant in lege domini." Selig, wer nach dem Gesetz des Herrn wandelt.

Aber nicht nur die Katholiken bemühen sich, stramm nach dem Gesetz zu marschieren, auch die Mormonen in Salt Lake City fühlen sich dazu verpflichtet. Feministinnen würden frohlocken, sähen sie das Denkmal vor dem Office Building der Church of Jesus Christ of Latter Day Saints in Salt Lake City. Es zeigt nämlich drei Bronzefiguren, einen Jungen zwischen Vater und Mutter, und die Inschrift ermahnt: „My son, keep thy father's commandment and forsake not the law of thy mother, Proverbs 6.20." Auf Deutsch: Junger Mann, lebe nach dem Gesetz deiner Mutter; denn was ist das schon, was dein Vater will? Ein Gebot, aber kein Gesetz! Sprüche 6.20.

Der oben erwähnten britischen Unart des Leisetretens, wenn es um Gesetzliches geht, wird an der Grenze zu Kanada begreiflicherweise energisch entgegengetreten. Wer bei den Niagarafällen als ausländischer Besucher der USA gedankenlos über die Rainbowbridge nach Kanada hinüberbummelt, um einen vollen Blick auf den kanadischen Fall zu erhalten, stutzt betroffen bei der Rückkehr nach den USA, also am amerikanischen Ende der Brücke, vor einer

Tafel mit dem Befehl: „All immigrants must report at the customs." Und sollte man unschlüssig sein darüber, ob man nach einer halben Stunde in Kanada nun ein Einwanderer ist und sich also am Zoll zu melden hat, wird man schnell schlüssig und meldet sich vorsichtshalber, wenn man die Fortsetzung des Befehls liest: „Failure to report is a criminal violation uf US immigration law." Auf Deutsch: Unterlassen der Meldung ist eine verbrecherische Verletzung des amerikanischen Einwanderungsgesetzes. Und so meldet man sich sofort und mit weichen Knien und ist froh, wenn man nachlässig und kumpelhaft vom Zollbeamten behandelt und mit einem lakonischen 'Byebye' abgefertigt wird.

Ja, das amerikanische Gesetz! Es liesse sich noch viel darüber schreiben. Ich unterlasse das. Nur das eine noch. Wer weiss: Wo steht der Tempel dieser hehren, strengen, unbestechlichen Gottheit, der Lex Americana? Jeder sagt: „In Washington D.C., es ist das Gebäude des Obersten Gerichtshofes." Man sollte denken, das stimmt. Selbst Amerikaner glauben das. Jedoch weit gefehlt. Der Oberste Gerichtshof ist nur die Prüfstation des Gesetzes. Das Heiligtum ist dem täglichen Gerangel entrückt. Was wahrhaft mythisch ist, ist verborgen. Und zwar dort, wo es niemand sucht.

Ein solcher Ort ist das gartenarchitektonisch der nervenberuhigenden Anlage einer Irrenanstalt gleichende Gelände der NASA in Houston, Texas. Ausser flachen Bürogebäuden befindet sich auch ein Ausstellungspavillon in den stillen Parkanlagen. Tief im In-

nern dieses Ausstellungspavillons steht eine zimmer-
grosse Vitrine: der rekonstruierte Arbeitsraum von
Präsident Lyndon B. Johnson. Es ist das Johnson
Memorial. Mit dem Schreibtisch des Präsidenten.
Darauf steht ein grosses Gestell mit allen fünfzig
Füllfederhaltern, mit denen der Präsident während
seiner Präsidentschaft die Gesetze unterschrieb. Die-
se Gesetze stehen in einer langen Reihe roter Ordner
auf dem Schreibtisch. Alles ist hinter Glas. Kein
Stäubchen stört das Stilleben. Es wird nur geflüstert.
„Silence! It's the law."

Das Mass aller Dinge

Zweifellos ist alles bestens, oder noch besser, optimal berechnet worden, und zwar sowohl physikalisch wie physiologisch wie psychologisch von den dafür geschulten und also zuständigen Fachleuten auf dem Gebiet der Aussen- und Innenarchitektur, der Medizin und der Psychologie. Ebenso zweifellos sind ihre Beiträge miteinander verglichen und aufeinander abgestimmt worden von den eigentlichen Könnern, den Kennern der Materie, den Philosophen, die aus den Einzelergebnissen, nachdem sie zu Zwischenergebnissen kombiniert worden waren, das Endergebnis herausphilosophiert haben, die Ideologie nämlich. In diesem Falle hier die Verkaufsideologie für ein Einkaufszentrum, und weil es sich um ein Einkaufszentrum in den USA handelt, für einen Supermarkt oder Hypermarkt oder Megamarkt, etwas antik erprobte Grösse Vorspiegelndes jedenfalls.

Und wie von rührigen Reisebüros Touristenscharen, Fliegenschwärmen gleich, auf die antiken Trümmerstätten rund ums Mittelmeer hingesteuert werden, so werden Touristenschwärme auf die Einkaufszentren in den USA losgelassen. In meinem Baxter Reiseführer für die USA, im Gesamtband wohlverstanden, der auf 720 Seiten die gesamten USA grob abhandelt, während über spezielle Gebiete neunzehn weitere Baxters detailliert Auskunft geben, fand ich am Ende der Informationen über Houston, Texas, eine sogenannte Houston Checkliste. Das war nichts Überraschendes. Solche Checklisten hatten sich schon vorher nach jedem Abschnitt über die eine oder andere von mir bereiste Stadt oder Gegend gefunden. In diesen Listen werden nicht nur die Namen der unbedingt zu besuchenden Sehenswürdigkeiten nochmals aufgereiht, damit sich der Besucher vor der Abreise auf einen Blick vergewissern kann, nichts Bedeutendes ausgelassen zu haben, sie enthalten auch verbale Anweisungen dazu, wie mit den aufgeführten Sehenswürdigkeiten umzugehen ist. So finden sich in der Houston Checkliste die Verben: ansehen, erleben, besichtigen, besuchen und die substantivisch formulierten Tätigkeiten: Ausflug und Einkaufsbummel. Mit einem Einkaufsbummel zu bewältigen ist, was hier in Houston 'The Galleria' heisst, ein immenses Einkaufszentrum, ein Rieseneinkaufsameisenhaufen, in dem sich alles ums Geschäft dreht, ob das nun Waren- oder Geldgeschäfte sind oder Dienstleistungen. Ich hatte in Houston mündlich von der Galleria Kunde erhalten, bevor ich die Zeilen darüber im Baxter las. Es waren mir, sozusagen gerüchteweise, der Name und Andeutungen dazu zu Ohren gekommen, ohne dass ich mir Genaues hatte vorstellen können. Es war hauptsächlich das Geheimnisvolle, das mich im exotischen Namen 'The Galleria' dazu verlockte, dem so mysteriös Bezeichneten einen Besuch abzustatten. Was konnte das bloss sein, was von zufällig in Houston nach Sehenswürdigkeiten Gefragten als etwas nicht nur Sehenswertes, sondern Einzigartiges nicht nur genannt, sondern ekstatisch gepriesen worden war? Ich musste es sehen.

Und so fuhr ich an einem taufrischen Frühlingsmorgen als irrender Autofahrer auf der Suche nach all dem, was die USA ausmacht, in Richtung Galleria. Und auch diesmal kam es so, wie es schon öfters auf dieser Reise gekommen war: Ich fand mich mittendrin im gesuchten Ort, bevor ich noch wusste, wie ich dorthin gekommen war. Irgendwie geschah es an diesem Morgen besonders traumhaft, weil ich nicht wusste, womit ich es zu tun bekommen würde und also eine Vorstellung von dem, was mich erwartete, fehlte. Zum Traumhaften passte es auch, dass es ein wandernder Cellospieler war, der aus Venezuela kam, von dem ich erfuhr, ich sei bereits in der Galleria. Er war das einzige Lebewesen gewesen, dessen ich hatte habhaft werden können, um zu fragen, wo die Galleria sei, weil er mit seinem Cellokasten zu Fuss dem Strassenrand entlanggewandert war; fahrende Autos hatte ich ja nicht fragen können, abgesehen davon, dass es hier in der Gegend kaum welche gab. Es herrschte Einsamkeit. Warum dieser Cellospieler im leeren, teilweise zwar mit fabrikähnlichen Gebäuden überbauten, sonst aber nur mit weiten Rasenflächen bedeckten Gelände zu Fuss unterwegs war, weiss ich nicht mehr. Ich war froh, ihn zu sehen; ich las ihn auf und fragte ihn nach der Gegend, und er sagte mir, dass ich schon in der Galleria sei, das alles hier sei sie, er gehöre auch dazu, er arbeite als Cellospieler für sie - und als Antwort auf mein wohl dummfragendes Gesicht sagte er, es handle sich bei der Galleria um einen Riesenmarkt, eine gänzlich zum Markt gewordene Welt, sozusagen. Er dirigierte mich dann in Richtung Parkplatzeinfahrt und, bevor er mich an irgendeiner Gebäudeecke verliess, weil hier in der Nähe sein Eingang war, versicherte er mich noch, ab jetzt sei alles ganz leicht.

Davon nicht völlig überzeugt, bog ich kurz darauf zögernd um eine Kurve, und da war wirklich der finstere Schlund eines unterirdischen Parkings. Trotzdem noch immer zögernd bis zaghaft, liess ich meinen Wagen in den Bauch der Erde hineinrollen. Drinnen war es weniger dunkel, als erwartet: Es herrschte bloss graue Dämmerung, Betondämmerung. Von irgendwo in der Ferne kam Tageslicht in die Öde. Es war neun Uhr am Morgen, und alles war leer. Ich parkierte, notierte Level A, Zone 6, merkte mir die gelbe Farbe der Beschriftungen in der Annahme, auf anderen Stockwerken würde wohl eine andere Farbe anzutreffen sein. Dann schaute ich mich suchend um nach Angaben, die zum Eingang in die Ladenbauten führen würden. Sie waren gross und deutlich zu finden, zusammen mit allerlei Spezialangaben für Eingeweihte: Lord and Taylor, Macy's, Marshall Field's, Neiman Marcus usw.; es erinnerte an die Tafel mit den Abflugszeiten der Flüge auf Flughäfen, nur bewegte sich nichts. Wie auf Flughäfen wurde auch vorerst alles durch dieselbe Schleuse geschleust.

Auch ich liess mich schleusen. Allerdings behutsam. Es galt, im Unterschied zum Flugpassagier, der sich um keinen Rückweg kümmern muss, sich diesen einzuprägen. Nach einem längeren Gang durch allerlei Fluren und Fluchten ging's, bei immer noch ge-

125

spenstischer Menschenleere, durch eine weite Tür, über der auf der Innenseite, also der für mich auf dem Rückweg massgebenden, 'Exit to Westin Oaks Hotel and Westheimer Parking' stand. Ich notierte es mir. All diese Vorsicht war vielleicht lächerlich, aber ich wollte unbedingt mein Auto wiederfinden; der wandernde Cellist war mir nicht als Wunschbild in Erinnerung geblieben. Jedenfalls vor Theseus oder wer immer im Minotauruslabyrinth herumgetastet war, brauchte ich mich nicht zu schämen: Der hatte es mit einem Faden gemacht, ich machte es mit einem Notizblock. Ein wesentlicher Unterschied bestand da nicht.

Dann stand ich plötzlich, über eine Treppe steigend und um eine Ecke biegend - Vorsicht! merke Dir: linke oder rechte Ecke? denn es ist ein Quergang - in einem weiten Raum; einem Raum mit Musik und allem Drum und Dran, das zu einer Kunsteisbahn gehört: dieTribüne, auf der ich stand, und die Eisfläche unter mir, auf der sich einiges bewegte. Es waren hauptsächlich liegende, sitzende, stolpernde, an den Banden hängende oder tatsächlich Schlittschuh laufende Kinder. Einige liefen sogar gekonnt mit Pirouetten zur Musik. Erwachsene, die Eltern wohl, sassen zumeist auf den Bänken der Tribüne und schauten zu oder halfen Neuankömmlingen beim Schlittschuhanziehen. Darüber türmten sich ringsum die Etagen hinauf bis zum alles überspannenden hohen Glasdach. Im eingeschlossenen Luftraum aber hing in bunter Farbenpracht ein Schwarm riesiger Papierschmetterlinge, den Besucher ins Märchenland entführend. Ich war, wie ich gross lesen konnte, ins

Ice Skating Center geraten. Auf die zentral gelegene Eisfläche hin öffneten sich von allen Seiten Restaurants und Gaststätten aller Art, ein Meer von Tischen und Stühlen, und von den Enden des Eisrechtecks führten breite Gänge, von denen unzählige Quergänge abzweigten, in die Weiten der übrigen Geschäftswelt, den Verzweigungen eines Grottensystems ähnlich. Gleich einem Forscher machte ich mich denn auch zu weiteren Erkundungen auf, froh darüber, dass ich mich nicht auf einen Einkaufsbummel, wie ihn der Baxter empfohlen hatte, einlassen musste.

Ich bewegte mich mit derselben Umsicht, die ich schon auf dem Weg zum Ice Skating Center beobachtet hatte, weiter, hinein in neue Bereiche; Bereiche mit glitzernden und spiegelnden Schaufenstern, und dazwischen öffneten sich weit aufgesperrte Ladeneingänge, wie Fischmäuler, die für Heranstrudelndes offen standen. Oder, um einen anderen Eindruck aus der mir fremden Wasserwelt wiederzugeben: wie wenn schillernde Quallen um mich herumschwebten. Ich wurde vom Anblick benommen; benommen fand ich mich durch das Gemisch von Luxusboutiquen, Warenhäusern, Kinos, Hotels, Reisebüros und Banken hindurch. Auch auf ein Postamt traf ich; sogar ein Privatclub hatte sich mit eigenem Etablissement hier niedergelassen.

Vorläufig gab es kaum Besucher: Taschen, Kleider, Schuhe, Schmuck, Bücher, Teppiche, Parfümfläschchen, Sportwagen, Spielsachen, Hardware und Software etc. etc. waren sich selber überlassen und wirkten, wie wenn sie nicht wüssten, was sie mit sich selber anfangen sollten: eine langweilige Party! Bis zehn Uhr würde in den Läden noch kein Verkauf stattfinden, obwohl alles offen zugänglich war. Die Bedienenden machten Vorbereitungen, die Restaurants hatten erste vereinzelte Gäste.

Im ersten Stock dann blühte der Frühling in Blumenkisten und ganzen Gartenbeeten entlang den Ballustraden und Schaufenstern. Immer dichter wurde das Blühen bis hin zum sternförmig angelegten Zentrum mit einem schwarzglänzenden Konzertflügel in der Mitte eines Rondells aus gelben Blumen, eine bei Bedienung des Flügels wohl Sphärenmusik verbreitende Sonne darstellend. Jeff Selby würde hier heute spielen, aus einem über den Flügel hereinhängenden Riesenblumenstrauss frischgoldener Blüten heraus, angestrahlt von Bühnenscheinwerfern. Dieser Musikpavillon war, wie angeschrieben stand, ein Geschenk von Krispen, einem Blumenladen in der Galleria, Telephon 621 - 4404. Er war der Mittelpunkt dessen, was 'Primavera Galleria' hiess und sich als 'Houston's Most Spectacular Garden Show' präsentierte. Eine zehntägige Sonderschau in der Galleria.

War diese Blumenschau das Herz der Galleria? Oder war es eher zu suchen im Kleintierzolli, wo innerhalb eines Geheges in einem Wald aus Kunststoffpalmen und anderen Kunststoffbäumen und allerlei Gewachsenem in Kübeln Küchlein und Kaninchen, Schäfchen und Zicklein auf das Streicheln warteten und wo bereits Stewardessen, niedlich als Gärtnerinnen verkleidet, erste Gruppeneinteilungen unter den wartenden Streichlern vornahmen. Vor dem den Zolli einhagenden Gitterzaun hielt ein als Osterhase verkleideter, auf einer grünen Gartenbank sitzender Riese ein bald lachendes oder bald lächelndes oder bald verstörtes oder bald widerspenstiges oder bald schreiendes Kind auf den Knien. Die diversen Eltern oder Elternteile versuchten angestrengt, auf die Stimmung und Blickrichtung der Kinder Einfluss zu nehmen. Dann knipsten die Berufsphotographen das mickymausartige Genrebild und zogen die Aufnahmen sogleich aus den Kameras, worauf einige Prozeduren sich wiederholten. War hier, im Bilderbuchkinderland, das Herz der Galleria?

Doch Herz hin oder her - wo auch immer es sein mochte - das Gehirn war sicher dort, wo sich in Kreuzesform vier Hauptgänge zusammenfügten, und dieses Gehirn war ladenlos. Es war nüchtern grau: Graue Spannteppiche belegten die Stockwerke, grauer Beton wurde an den sich auf das glasüberdeckte Zentrum öffnenden Balkonen sichtbar, und in einem grauen Stahlstangenrahmen fuhren gläserne Liftkabinen geschäftig auf und nieder. Denn hier herrschte schon um halb zehn geschäftiges Treiben, graugekleidetes, denn da war das Bürozentrum der Galleria. Von hier schwärmte die Emsigkeit im Bienenstock aus, hierher kehrte sie zurück. An einem Auskunftsstand, wie er jeder Warenmesse eigen ist - 'Se habla Espanol' war als einzige Fremdsprache angegeben - erhielt ich einen Plan, ähnlich einem Stadtplan, der mir endlich einige Übersicht gab über die rund dreihundert Etablissements, welche die Galleria enthielt, vier vollständige Warenhäuser nicht eingerechnet. Also erfuhr ich, dass es hier eine Yoghurt Culture gab, was immer das sein mochte, ein Cafe de France und eine Piccola Cucina, die wohl Europasehnsüchte zu stillen hatten, und etwas, was sich Heidi's Frogen Yogurt nannte. Mit dem Plan in der Hand und mit Geduld war es zu finden; jedoch fand sich statt eines Heidi nur ein Ersatz dafür, ein ziemlich missmutiger Ladenschwengel in weisser Gipsermütze, der auf meine Frage, was es mit dem Ladennamen auf sich habe, warum der Name Heidi darin vorkomme, achselzuckend und gleichgültig mutmasste: "Perhaps it's Swedish."

Dabei hätte ich ihm bei einer freundlicheren Antwort gleich zeigen können, wer Heidi war, gab es doch um die Ecke ein Photostudio mit allen Verwandlungsmöglichkeiten für die Kundschaft. Schreiend aufgemacht stand über dem Eingang des Ateliers, der die ganze Vorderseite einnahm: „Experience a complete makeover fashion and photo session?" Erlebe eine komplette Verwandlungssitzung beim Modephotographen. Warum sich also nicht als Heidi photographieren lassen?

Rings um das Photostativ türmten sich Requisiten, stapelten sich Perücken, und bis in alle Tiefen des unergründlichen Kabinetts hingen in buntem Durcheinander die Kleider einer üppigen Theatergarderobe, häuften sich Hüte und Kappen und lagen wirr Stiefel und Schuhe herum: alles bereit für Kunden, die sich in irgendein von ihnen gewünschtes Idol verwandeln und so photographieren lassen wollten.

Aber auch richtige Idole, Idole aus erster Hand, wurden in der Galleria kreiert, in dieser Welt der zweiten Schöpfung. Eddie Bauer's Modegeschäft, ein Geschäft mit Kleidern, Ledertaschen und anderen Accessoirs, war daran, den 'Hero of the Earth 1992' zu küren. Die Kundschaft wurde in den Schaufenstern eingeladen, die im Laden aufliegenden Formulare zu studieren und zwischen den von Eddie Bauer aufgelisteten Helden der Erde sich einen für 1992 auszuwählen und anzukreuzen. Es handelte sich um eine Liste aus lauter Umweltschützern amerikanischer Nationalität. Wahltag würde der Earth Day 1992 sein. Erster Earth Hero sei der 1990 von Eddie Bauer ermittelte Rancher Dayton Hyde gewesen, verkündete im Schaufenster ein Schriftband inmitten amerikanischer Fahnen und Photos, die Dayton und seine Tat zeigten. Er hatte die letzten wilden Mustangs in South Dakota in einem Schutzgebiet in Sicherheit gebracht.

Eine lobenswerte Tat! Kein Zweifel. Was bloss störte mich daran? An der Tat nichts, im Gegenteil, sie freute mich. Aber Freude wollte sich nicht einstellen. Es lag ganz einfach an der Art, wie und wo ich von der Tat erfuhr, was mich verstimmte. Der Rancher Dayton Hyde war sicher ein Tierfreund und vermutlich auch ein Naturfreund. Ich sah ja den freundlichen Mann auf den Photos. Aber die Photos passten nicht in die Modeauslage von Eddie Bauer's Modegeschäft. Von Eddie Bauer, den ich nicht sah, hatte ich ein anderes Bild als von Dayton Hyde. Ich stellte mir einen Mann vor, der es verstanden hatte, eine gute Tat zur Geschäftsreklame zu machen und eine Wohltat zu einem Geschäft, einem, das ihm zugute kam. Vor den wohlgesinnten Dayton schob sich in meiner Vorstellung der schlaugesinnte Eddie. Nicht, dass ich gefunden hätte, schlaugesinnt zu sein, sei verboten. Ich war bereit, grundsätzlich Schlauheit zu bewundern. Aber es schien mir, auch sie sei zu zügeln. Sie sei, wie alles, nicht überall am Platz. In der Geschäftswelt, wo das Mass aller Dinge darin besteht, ob die Dinge zu einem Geschäft taugen oder nicht, mochte sie durchaus am Platz sein. In einer anderen Welt dagegen, wo es andere Masse gibt, konnte sie schäbig werden.

Aber die Galleria war doch eine Geschäftswelt. Sie war doch gar nichts anderes. Selbst Kleintierzolli und Kunsteisbahn standen hier einzig im Dienst des Geschäfts. Es gab sie, damit, wer Geschäfte treiben wollte, sie ruhig treiben konnte, indem die Kinder, die Nichtsnutze, dorthin abgeschoben wurden, jene, die doch kein Geld hatten: Gettos für Kinder und Kindsköpfe. Ebenso dienten die Restaurants dazu und die Hotels, den von den Geschäften Ermüdeten Kraft zu neuen Taten zu geben. Warum also fand ich in dieser so eindeutigen Geschäftswelt Eddie's Schlauheit trotz meiner Einsicht in ihre Berechtigung, ja ihren Nutzen an diesem Ort, schamlos?

Hier in der Galleria brauchte sich Eddie doch seiner Schlauheit nicht zu schämen. Ich war auch sicher, dass er nicht daran dachte, es zu tun. Und ich war auch sicher, dass er mich mit meinem dummen Unbehagen unmöglich gefunden hätte. Ich fand mich ja selber unmöglich, kleinlich, nörglerisch, deplaziert.

Und ich verstand: In dieser Galleria war ich es auch. Ich gehörte nicht in diese Welt, die für eine ganz bestimmte Funktion geschaffen worden war, und nur für diese: Es war ausschliesslich die Welt für Verkäufer und Käufer, Wirte und Gäste, Unterhalter und Unterhaltene, Bediener und Bediente, für Menschen, die allein Umgang miteinander hatten aus dem Wunsch nach Profit, und aus gar keinem anderen. Hier war der Profit das Mass aller Dinge. Hier galt die Wertfrage, in Abwandlung zu Hamlets 'To be or not to be': Wieviel Profit was bringt, ist hier die Frage.

Wer sich dabei nicht wohlfühlte, musste diese Welt verlassen. Oder sie ändern. Was gegen den Widerstand aller Eddies nicht leicht gewesen wäre. Vielleicht gar unmöglich? Eddie hatte, so wie die Galleria war, recht.

Verlassen oder ändern? Ich verliess die Galleria.

Nachträglich erfuhr ich aus amerikanischen Zeitungen, dass die Rieseneinkaufszentren - bei Minneapolis wurde soeben eine neuerbaute Mega Mall eröffnet, die alles bisherige in den Schatten stellen sollte, auch jenen Riesenkomplex in Philadelphia, wo die Angestellten Rollschuhe tragen sollen, damit sie die Distanzen bewältigen können - dass diese Kolosse die Amerikaner selber ermüden. Offenbar übersteigen solche Einkaufszentren zu Babel das Mass menschlichen Wohlbefindens. Es stimmt wohl auch nicht, was ich im Baxter über die Galleria las, sie sei sozusagen Houstons zweite Innenstadt. Ihr fehlte das Leben einer solchen, ja das Leben überhaupt. Schlauheit allein schafft kein Leben. Ich brauchte die Galleria nicht zu ändern. Deutlicher: Ich musste sie nicht liquidieren. Sie war schon tot.

In vergrössertem Massstab

„Kennen Sie den Sonnentau?"
„Das ist doch diese fleischfressende Pflanze?"
Und schon spannen sich die Gesichter, wird sichtbar,
wie sich Entsetzen mit dem Ekel verbindet. Was ist
los mit dem Sonnentau? Wen hat er schon wieder
gefressen?

Die Aufmerksamkeit in der Biologiestunde ist hun-
dertprozentig. Auch bei denen, die sonst dem Leben
kein Interesse abgewinnen können. Selbst das an die
Projektionswand geworfene Lichtbild des Sonnen-
taus, eine Annäherung an die Wirklichkeit, vermag
die Phantasien nicht zu zügeln. Der Sonnentau ist
bedrohlich gross, grösser als man selber, zwei Meter
hoch, und wenn man sich das am eigenen Leibe
vorstellt, dass er einen „auf seinen klebrigen Blättern
mit Hilfe von Verdauungssäften aus den Drüsen der
einwärts gekrümmten Fangarme verdaut", wie der
Lehrer erläutert, dann schaudert man:
„Brrr!" Und sucht Halt beim Nachbarn.
Die Exkursion darauf ins Hochmoor: eine Riesen-
enttäuschung!
„Das soll der Sonnentau sein?"
„Wo denn?"

„Dieses bisschen da? Nicht einmal so gross wie eine Fingerbeere!"

„So etwas soll mich fressen können? Lächerlich!"

„Ein einziger Flop!"

„Ist das alles?"

Ist nicht unsere Bildung ähnlich wie dieses Schulerlebnis? Ein Klassenzimmererlebnis? Das sich vor der Wirklichkeit in Nichts auflöst?

Und die Mühe vieler, gerade auch vieler Intellektueller, mit dem Leben, woher kommt sie? Halten wir den Massstab der Wirklichkeit, den Massstab eins zu eins, nicht aus? Sind wir süchtig? Süchtig nach Grossem? Nach den Vergrösserungskräften unserer Phantasie? Nach Grösse überhaupt?

Wenige Menschen, es sind Käuze, übersteigen den Phantasieberg aus den Bildern im vergrösserten Massstab und kommen ins Phantasietal mit den Bildern im verkleinerten Massstab. Erasmus von Rotterdam war ein solcher, mit seinem 'Lob der Torheit', oder E.T.A. Hoffmann mit seiner unvergleichlichen 'Prinzessin Brambilla'. Es sind Menschen mit Humor. Am schwierigsten aber ist es wohl, mit dem Massstab eins zu eins zu leben. Die Wahrheit fällt uns nicht leicht.

Das weiss man auch in Amerika. Wo man sich ja für Psychologisches interessiert. Wo man darum erfinderisch wird, wenn es psychologische Schwierigkeiten gibt, vornehmlich, wenn sie hinderlich sind beim Verkaufen. Wenn man etwas verkaufen will und glaubt, so wie es ist, sei es unverkäuflich oder doch schwer verkäuflich. Die Niagarafälle zum Beispiel.

Während man sich auf der kanadischen Seite mit den wirklichen Fällen begnügt, macht man auf der amerikanischen Seite etwas daraus. Vielleicht treibt ein gewisser Mangel beim Produkt dazu. Es gilt, ihn zu verdecken. Die American Falls sind kleiner als die Canadian Horseshoefalls. Das ist nun einmal so. Man kann sich damit abfinden, muss aber nicht. In unserer Vorstellung lässt sich der Mangel korrigieren, lässt sich das Verhältnis ändern, so dass die American Falls die Canadian Falls ausstechen. Wozu gibt es schliesslich die Magie des Films?

Am gescheitesten also, man holt das Publikum weg von den wirklichen Wasserfällen und stopft es in einen schwarzen Kinoraum, mit der Aufforderung: „See how real a movie can feel!"

Und also haben die Amerikaner ein Kino an den Niagarafällen gebaut. Darin zeigen sie einen Film über die amerikanischen Fälle. Und jeder Besucher der Fälle muss zugeben: Stimmt! Das fehlt an den richtigen Fällen. Gespürt hat man die Niagarafälle überhaupt nicht. Sicher nicht so wie im Film. Denn der Film hält, was dem Publikum verheissen wird.

Ich stehe an. Nun ist es so weit: Die Zuschauer der vorangehenden Vorführung beginnen, das Kino zu verlassen. Mitgenommen sehen die Leute aus, benommen. Einige taumeln wie Achterbahnfahrer. Los jetzt also: Augen auf und schau, was es zu spüren gibt!

Der Film beginnt mit ein bisschen Klamauk. Man soll wohl lachen, sich vorerst entspannen. Der Mann auf der Leinwand, der uns einen Film über die Niagarafälle versprochen hat, findet ihn nicht: Er findet allerlei, viel Unpassendes, und nun verwickelt er sich gar in die von den Spulen fallenden Zelluloidstreifen. Ich lache tatsächlich! Dann finde ich es langsam blöd. Wie lange soll der Kampf mit den Zelluloidschlangen noch dauern? Ich will ja die Niagarafälle erleben, spüren will ich sie. Was soll das also? Aber für einen rechten Ärger bleibt keine Zeit. Denn nun geht's plötzlich los. Der richtige Film ist da!

Ah! Dicht, fast nur fingerbreit, streife ich in einer Helikopterkabine - vor mir nur Glas und Luft und unter mir dahinschiessendes Wasser - über die Stromschnellen oberhalb der American Falls. In Sekundenschnelle taucht vor mir die Kante auf, wo der Absturz beginnt. Unwillkürlich klammere ich mich an meinen Sitz, die Kante rast heran, und schon schiesse ich ins Leere, hinein in eine Wolke aus stiebendem Wasserstaub. Es verschlägt mir den Atem, ich weiss nicht, wo ich bin, ich weiss nicht, wie ich bin, tot oder lebendig? Und wenn lebendig? Wie?

Aber da sitze ich ja gar nicht mehr in einem Helikopter! Nein, jetzt sitze ich vorne im Führerstand einer Expresslokomotive. Schnell ist das gegangen. Ich habe gar keine Zeit, mich irgendwie zu orientieren oder auch nur einigermassen vom vorigen Schreck zu erholen, denn sofort zieht das Tempo an, schnell und immer schneller und immer noch schneller wird es, rasend schnell geht es um Kurven: Schuss! bin ich in einem Tunnel, und Schuss! bin ich wieder draussen und nochmals dunkel und wieder hell. Schuss! geht's über eine Brücke, links und rechts Abgründe, grausig! Soll ich die Augen aufreissen oder schliessen? Aufgepasst doch! Crash - jetzt muss der Crash kommen!

Aber nein, ich sitze ja auf einem Motorrad. Noch einmal ist es gut gegangen, aber nun rast die verteufelte Maschine knatternd los, fährt nicht mehr, flitzt nur noch, die Landschaft wird mir um den Kopf geschmissen. Halt! Halt doch! Anhalten! Tannenspitzen, Bergspitzen, Wolkenballen, alles umwirbelt mich. Aufhören, aufhören, mir wird schwindlig!

Gottseidank, ich hab's tatsächlich überlebt! Aber nun bin ich auf Skiern, und obwohl ich selber Skifahrer bin, fühle ich mich diesmal auf den Brettern nicht zu Hause. Spinne ich? Ich bin ja auf einer höllisch steilen Abfahrtspiste und pfeife in die Tiefe. Ich fahre ein Abfahrtsrennen auf Leben und Tod. Und da sind auch schon die Bodenwellen. Hoppla! das waren vierzig Meter durch die Luft, und nochmals hoppla! sechzig Meter mindestens. Es spickt mich, ich weiss nicht, wohin, ich weiss nicht, wie oft. Also so ist das bei einem Skirennen? Das ist aber mein erstes und letztes! Stemmen! Hergott, stemmen!

Was sollen diese stillen Wolken auf einmal? Und der durch sie hindurch ziehende weisse Vollmond? Wo bin ich? To be or not to be! Wahrscheinlich ist das zweite passiert. Aber nein, beruhige dich, alles ist gut! Auch wenn du nicht drauskommst.

Nun kommt offenbar das Largo: Erholung und Belohnung für den Strapazierten. Ein kleiner Indianerjunge legt behutsam ein Rindenschiffchen mit einem Maiskolben drin auf dieselben Wellen, über die ich eben noch selber im Helikopter hinweggeschossen bin. Das Schiffchen schaukelt und treibt auf die Kante zu, dann kippt es schnell vornüber und verschwindet. Ein tiefer, herrlich beruhigender Männerbass röhrt etwas von Thanksgiving und der freundlichen Annahme des Opfers durch die Flussgötter. Ich fühle mich von der Stimme gestreichelt wie ein ermatteter Fieberkranker nach einer Schwitzkur. Der Indianerjunge hängt unterdessen mit einem feuchten Nazarenerblick am ziehenden Mond. Noch ein weiches Ausklingen. Finish! Licht. Die Nächsten sind dran. „Please take your belongings with you!" Richtig, aber was gehört mir denn noch?

Ich habe auf meiner Reise durch die USA dieselbe Beobachtung wiederholt machen können: Die Wirklichkeit wird mit einer Show überhöht, dem Bedürfnis des Menschen nach Besonderem wird entsprochen, seiner Sucht nach Extravagantem wird Nahrung gereicht. Es war sonst nur nie so deutlich zu greifen wie an den Niagarafällen, weil dort die Wirklichkeit nur schlecht überbietbar war und darum das übliche Vergrösserungsverfahren, die Umsetzung in

140

einen vergrösserten Massstab, zur Groteske führen musste.

Bis zu welchem Grad machen wir Menschen alles zur Show? Ich habe mich als Lehrer oft gefragt, welche Vorteile der vermutlich langweilige Unterricht an den mittelalterlichen Klosterschulen gegenüber unserem die Schüler zum sogenannten 'Aha-Erlebnis' reizende Unterricht haben mochte. Ich bin mir öfters in meinem Beruf als Showmaster vorgekommen.

Machte ein Unterricht ohne Tricks den Sinn für das unverfälscht Wirkliche nicht stärker? Manchmal regte sich bei mir im Schulzimmer der Wunsch nach Wirklichkeit. Nachdem ich ein Leben lang Englischunterricht erteilt hatte, der auch Werke der amerikanischen Literatur einschloss, wollte ich die amerikanische Wirklichkeit sehen Ich reiste nach Amerika. Ich studierte die USA reisend. Ich habe 'die' Wirklichkeit nicht gesehen. 'Sie' nicht, aber vielleicht doch eine. Ich bin dafür dankbar.

Und Sie? Sie, die das hier lesen? Was für Vorstellungen von den USA, wenn Sie noch nie dort waren, wecke ich bei Ihnen? Zu grosse? Richtige? Zu kleine?

Und wenn Sie schon dort waren? Finden Sie Eigenes wieder, oder stimmt nichts?

So oder so, ob Unwissender, ob Kenner, gilt für uns alle und gilt immer wieder: „Go and see how real America can feel." Amerika ist ein Stück Leben. Mit dem Leben aber werden wir nie fertig!

Der American Dream

New York ist eine Metropole, eine Weltstadt. Eine Weltstadt ist nicht nur auf der ganzen Welt bekannt, sie enthält auch die ganze Welt.

In New York sah ich, was mir in China vielleicht entgangen wäre: ein chinesisches Begräbnis mit allem Drum und Dran, mit Totenaltar vor dem Hauseingang, mit Gebetmühlen und Feuerwerk.

Ich sah aber auch Szenen wie in einem afrikanischen Negerdorf. Negerfamilien und Nachbarn versammelten sich um einen Feuerherd auf dem Platz vor dem Hause, mit Urahnen und Ahnen auf der Strasse, eingesunken in zerschlissenen Fauteuils, mit Vätern, auf Türschwellen kauernd oder an verbeulte rostige Autos gelehnt, mit Müttern mit umgebundenen Babies beim Bereiten des Essens im Kreis um den Herd, und zwischen ihnen zappelten und schrien die grösseren Kinder.

Ich ging in die Museen und durchlief dabei viele Epochen der Weltgeschichte in vielen Ländern, bis zurück zu den alten Ägyptern und zum nubischen Tempel von Dendur. Dieser Tempel steht mitsamt der Tempelanlage, dem Tempelplatz, Teichbecken und

Vortempel, alles aus rötlichen Quadersteinen gefügt, ehrfurchtgebietend in einer grossen Glashalle. Der Tempelbezirk darf nicht betreten werden. Ich durfte mich nicht einmal am Rand auf die Tempelstufen setzen. Als Kostbarkeit vor entweihenden Schritten behütet, behält der Tempel sein heiliges Geheimnis; nur durch Türlücken kann man von ferne ins Innere spähen, wo Wände voll Hieroglyphen Unlesbares bewahren. Das Gebilde wirkte auf mich in seiner Vollkommenheit völlig schwerelos, wie eine Erscheinung, wie ein versteinerter Traum. Der Zeuge einer Zeit, die an Träume glaubte.

Eingestimmt von solchen Gängen durch ferne Zeiten und Zonen, fand ich mich abends bei den alten Griechen ein: Am Fernsehn wurden in der Zeit, die ich in New York verbrachte, die olympischen Spiele übertragen. Die amerikanischen Athleten und Athletinnen brillierten. Die amerikanische Nationalhymne, mir vorher noch nicht vertraut, lernte ich bald wie einen Schlager kennen. Während Nahaufnahmen den Goldmedaillengewinner oder die -gewinnerin auf dem Podest zeigten, wie er oder sie sich standhaft bemühten, Fassung ins Gesicht zu bringen, ertönte feierlich die Landeshymne, stieg das Sternenbanner am Fahnenmast in die Höhe und feierte der Sprecher jubelnd den Sieg. Dann schwenkte die Kamera hinüber zur Tribüne, wo die Moms und Dads der jeweils Gefeierten strahlend amerikanische Fähnlein schwenkten. Für amerikanisches Silber gab es nur noch Trostworte; man hatte natürlich Gold erwartet und war enttäuscht; von Bronze für Amerika war nur ausnahmsweise am Fernsehen die Rede, wenn niemand in den USA überhaupt mit einer Medaille gerechnet hatte. Es war jeden Abend ein nationales Freudenfest. Die Gewinnerinnen und Gewinner sagten ein paar bescheidene Worte ins Mikrophon: Sie hatten ja nur das von ihnen Erwartete getan. Bloss einmal ging das Glücksgefühl des Siegers mit ihm durch: Nach dem Sieg im 200 Meter-Brustschwimmen sagte der Goldmedaillengewinner, der vier Jahre vorher an der Olympiade bloss Vierter geworden war, seither aber dreimal den Weltrekord hatte halten können und nun zuoberst auf dem Podest stand, er freue sich, weil es ihm möglich geworden sei, „to make the American dream come true", den American Dream zu verwirklichen. Dazu dankte er allen, weil sie ihm geholfen hätten, dieses höchste Ziel zu erreichen; die Dankesworte richteten sich spürbar an alle TV-Zuschauer, an die ganze Nation, die ihn im Geist so grossartig unterstützt hatte, weil sie verstanden hatte, was ihn beflügelte: „To make the American Dream come true."

Denn an die Spitze zu kommen, das ist ja der kollektive Traum aller Amerikaner. „We have one and only one ambition", gesteht Lee Iacocca in seinem 1988 veröffentlichten Buch 'Talking Straight', dessen deutscher Titel 'Mein amerikanischer Traum' heisst: „We have one and only one ambition. To be the best. What else is there?" Unser Ehrgeiz kennt ein einziges Ziel. Der Beste zu sein. Darüber hinaus zählt nichts. Wer diesen Traum erfüllt, wird zum Liebling der Nation, zum Nationalhelden. Hier gilt wahrhaftig: Einer - tut es - für alle; und alle - applaudieren - für einen.

Es war nicht zum erstenmal, dass ich an diesem Abend, meinem letzten in den USA nach einem viermonatigen Aufenthalt, von diesem American Dream hörte. Vor meiner Reise hingegen hatte ich diesen formelhaften Ausdruck, der das Wunschdenken eines Volkes von 254 Millionen zusammenfasst, nie gehört. Dass man sich über eine Goldmedaille an den olympischen Spielen freut, das wäre mir natürlich auch zu Hause in der Schweiz nichts Neues gewesen. Dass man sich ausschliesslich nur über Goldmedaillen freut, dagegen schon eher. Bestimmt aber wäre es mir nie eingefallen, die Erringung einer Goldmedaille als die Erfüllung des Schweizer Traums zu bezeichnen. Haben wir in der Schweiz überhaupt einen Schweizer Traum?

Früher gab es auch bei uns patriotische Träume, der Luzerner Franz Urs von Balthasar mag mit seinen 'Patriotischen Träumen eines Eidgenossen' dafür als Zeuge dienen. Er lebte im 18. Jahrhundert. Jetzt aber haben wir nur noch Probleme mit unserem Land.

Probleme mit ihrem Land haben zwar auch die Amerikaner. Sogar so schwere, dass ich nicht mir ihnen tauschen möchte. Dennoch leisten sie sich den American Dream. Oder vielmehr: Sie wollen ihn sich leisten. Alles, was ihren Glauben an seine Erfüllung stört, mögen sie ganz einfach nicht: den Vietnam Krieg, die Japaner, das bekümmerte Gestammel ihres gewesenen Präsidenten Bush. Alles, was ihren Glauben daran stärkt, bejubeln sie: den Golfkrieg, ihr Olympiagold, den zuversichtlichen Redeschwung ihres jetzigen Präsidenten Clinton, wenn er seinem

Volk zuruft: „Wenn wir keinen Gemeinschaftssinn entwickeln, wird der American Dream weiterhin schwinden. Zusammen können wir ihn verwirklichen. Noch immer glaube ich an einen Ort, der Hope heisst. Gott segne Amerika." So in seiner Rede nach dem Wahlsieg. An der demokratischen Parteiversammlung im Madison Square Garden hatte er die Parteidelegierten mit seinen Zukunftsfanfaren berauscht. Was war denn bloss mit der ersten und besten Nation der Welt geschehen? so hatte er gefragt. Nachdem Amerika diesen Globus missioniert hatte, würde es sich selber missionieren müssen, und dazu müsste es sich wieder an seinen Traum erinnern. Den Traum vom auserwählten Volk. Das sagte er zwar nicht so wörtlich, aber gemeint konnte nichts anderes sein, wenn er die Bibel zitierte. „Who has no vision must perish", rief er prophetisch wie ein Evangelist. Wer keine Vision hat, muss zugrunde gehen. Und wenn er die wirtschaftliche Weltordnung wieder zurechtrückte, indem er verkündete: „If you work hard, you deserve a reward", wer hart arbeitet, verdient eine Belohnung, so konnte er auch das nur tun, wenn er die göttliche Weltordnung in Übereinstimmung mit der wirtschaftlichen Ordnung sah.

Dass bei einem amerikanischen Publikum derart kühne Töne auf Begeisterung stossen, ist nicht verwunderlich: Der offene oder heimliche Appell an die göttliche Weltordnung, in der Amerika einen Vorzugsplatz hat, hat Tradition. Mit dem American Dream verbindet sich gern die Vorstellung, die Amerikaner seien Gottes Lieblingskinder. Und sein Reich werde sich zuerst in Amerika oder einem begünstigten Teil davon verwirklichen. Die 'New York Times' wusste am 1. August 1992 zu berichten, die Amerikaner hätten Kalifornien lange Zeit als den Ort betrachtet, wo sich das Reich Gottes auf Erden zu verwirklichen beginne. Die Zeitung zitierte dabei aus einem Buch von 1963, aus Remi Nadeaus 'California, The New Society'. „Kalifornien", heisst es dort, „ist vielleicht, mehr als irgendein anderer Staat Amerikas, wahrhaftig eine Erfüllung des American Dream. Abgesehen von einigen Wüstenstrichen, lebt es sich hier wirklich gut. Es gibt einiges an Luxus, keine Plackerei und Not, genug Freizeit und eine Umwelt, aus der sich das Maximum machen lässt. Ist dies nicht das amerikanische Gelübde - Freiheit zu haben zum Lebensgenuss als Frucht ehrlicher Arbeit? Indem Kalifornien amerikanischer Tradition bis an die letzte Grenze des Möglichen folgt, ist es eine Art Reich Gottes auf Erden." Und ein kalifornischer Einwanderer, der 1958 von New York nach Los Angeles gekommen war, lässt sich im nämlichen Buch vernehmen: „Wir hatten damals das Gefühl, die Welt liege uns zu Füssen und Kalifornien sei der Thron dazu."

Auf den American Dream kam auch General Colin Powell nach den Rassenunruhen in Los Angeles Ende April 1992 zu sprechen. Der Aufstand gehe darauf zurück, dass die Schwarzen noch immer nicht imstande seien, voll am American Dream teilzuhaben. Zu viele Afroamerikaner seien noch immer in einer Welt gefangen, wo Armut, Gewalt, Drogen, verwahrloste Behausungen, ungenügende Schulbildung, Mangel an Arbeitsstellen und Mangel an Glauben zu einem traurigen Leben führten. Dabei verstand er unter 'Mangel an Glauben' Zweifel an Amerika, an das Amerika, das Abraham Lincoln - neben George Washington der zweite amerikanische Nationalheilige - die letzte, grösste Hoffnung der Erde genannt habe.

Zweifellos setzte Lincoln Amerika an die Spitze aller Nationen dieser Erde. Dafür, dass es seiner mythischen Aufgabe, Welterlöser zu werden, gerecht werden könnte, dafür hielt er die Union zusammen. Die gleiche mythische Bedeutung wies auch John F. Kennedy Amerika zu. Bei seinem denkwürdigen Auftritt in Berlin spielte er die Karte mit Amerika als Beschützerin der freien Welt, als die letzte, grösste Hoffnung der Erde, rückhaltlos aus. Was für ein Geist ihn dabei beseelte, wird an seinem Grab auf dem Arlington Friedhof bei Washington erkennbar. Eine kleine Feuerflamme inmitten eines mit einer Kette abgesperrten Platzes kennzeichnet seine Ruhestätte. Vor dem Platz liegt eine niedrige Terrasse über einem sanften Abhang. In ihre marmorne Brüstung eingehauen ist Kennedys Bekenntnis: „With a good conscience, our only true reward, let us go forth to lead the land we love, asking his blessing and his help, but knowing that here on earth God's work must truly be our own." Mit einem reinen Gewissen, unserem einzigen wahrhaften Lohn, wollen wir uns daran machen, unser Land, das wir lieben, zu leiten, Gottes Hilfe und Segen erbittend, wobei wir wissen, dass Gottes Werk auf Erden in Tat und Wahrheit von uns selber zu leisten ist.

In genau diesem Sinne hat George Bush als Handlanger Gottes auf Erden die militärische Hilfeleistung der USA in Somalia verstanden, wenn er das Unternehmen 'God's Work' nannte. Und in keinem anderen Sinne hatte sich schon 1953 der Beauftragte der Amerikanischen Atomenergiekommission auf einer Konferenz vor Vertretern der Elektrizitätswirtschaft in Chicago für die industrielleVerwendung der Atomenergie eingesetzt: „Jahrelang ist die in einer Waffe verpackte Atomspaltung unser wichtigster Schutzschild gegen die Barbaren gewesen - jetzt wird sie ausserdem zu einem uns von Gott geschenkten Instrument werden, mit dem wir die konstruktiven Aufgaben für die Menschheit erfüllen können."

Mythische Zeichen für Jenseitiges zu setzen, versuchten auch jene amerikanischen Maler, die zwischen 1945 und 1965 auf Riesenbildern abstrakte Farbkompositionen anbrachten, Marc Rothko etwa oder Clyfford Still. Sie nannten sich selber 'mythmakers', Mythenschaffende. Einem Amerikaner, der gewohnt ist, Mythisches mit Politik zu verbinden, wird ihr pathetisches Unterfangen am ehesten verständlich, wenn er sich vorstellen kann, sie seien von einer patriotischen Absicht geleitet worden. Und so war die Kunstführerin im Metropolitan Museum sicher gut beraten, als sie einer amerikanischen Besuchergruppe vor den Monumentalbildern dieser beiden Maler erklärte, diese Bilder stellten den äussersten Widerstand eigenwilliger amerikanischer Individuen gegen den Kollektivismus russischer Kommunisten dar; die Maler seien fanatische Kalte Krieger gewesen.

Dabei verdreht jede politische Deutung den Sinn der Bilder von Rothko und Still völlig. Am Platz ist sie dagegen, wo im mythischen Stil wirklich Politik gemacht wird, wo der American Dream politisch beschworen wird. Zur Zeit haben die Amerikaner in ihrem neuen Präsidenten einen wahren Meister im Mythmaking. Wie endete doch seine Beschwörung an der Parteikonvention? „Let it be our cause", wiederholte er viermal, „lasst es unser Anliegen sein, dass sich unser Land vereinigt und voranschreitet als ein Land, das sein Volk erhebt und die Welt begeistert." Worauf sich die Masse der Delegierten wie eine gewaltige Welle erhob und der Beifall erbrauste. Das Wahlfieber stieg. Am folgenden Tag mass die 'New York Times' Clintons rhetorische Leistung am Rednerruhm antiker Grössen, am Ruhm eines Aristoteles, Cicero und Quintilian, und er erhielt in diesem Wettbewerb der Spitzenkönner keine schlechten Noten.

Amerika ist in seiner unbestrittenen Vormachtstellung der gleichen Versuchung ausgesetzt, sich die Grösse vorangegangener grosser Epochen anzumassen, der Völker mit Vormachtstellung schon immer erlegen sind. Was man für die Grösse vergangener Zeiten hält - in Wirklichkeit ist es nur die Erinnerung an weniges, was als Trümmer das Versinken des Üblichen überdauerte - möchte man imitieren. Dieser wilde Wunsch führt auf Gipfel, wo es den nüchtern Gebliebenen schwindelt. Gerade dann besonders, wenn es Amerika ist, das den Gipfel besteigt, das Land, das sich schon vor langem den Ruf angeeignet hat, das Land der unbegrenzten

Möglichkeiten zu sein. Und das sich selber immer wieder einredet, es kenne tatsächlich keine Grenzen. Was zu einer peinlichen Schizophrenie zwischen Praxis und Traum führen kann.

Der schon einmal erwähnte Lee Iacocca, ein Selfmademan, der die oberste Chefetage in der Autobranche erklomm, sieht den Grund dafür, dass, wie er sagt, die Amerikaner gewöhnlich ihren Weg hervorragend gefunden hätten, im Umstand, dass sie nie Visionäre gewesen seien, sondern Praktiker. Derselbe Mann aber empfiehlt seinen Landsleuten, wenn sie gross werden wollten, sich an Leonardo da Vinci zu halten. „Die Vielseitigkeit dieses Mannes hat mich überhaupt erst auf den Gedanken gebracht", schreibt er, „ein Mensch könne so bedeutend werden, wie er möchte. Sein Geist und seine Hände lassen ihn buchstäblich nach den Sternen greifen."

Das ist mehr als Heldenkult; eine solche Schwärmerei nimmt ein titanisches Ausmass an. Nach den Sternen greift nicht, wer Gottes Werk auf Erden vollführen will, sondern wer ihn entmachten, wer ihn vom Thron stossen will. Die alten Griechen deuteten diesen Zug zum Überheblichen im Menschen wie alle menschlichen Regungen, indem sie sie ausserhalb von sich in ihren Kosmos versetzten. Für ihren eigenen unseligen Trieb nach Grossem und immer noch Grösserem erfanden sie eine Geschichte: die Geschichte von der Auflehnung der Titanen gegen die Ordnung der Götter. Die Griechen hatten dabei selber Angst vor den Titanen und deuteten ihren Untergang tragisch. Die Amerikaner dagegen bauen ihnen goldene

151

Tempel, und ihre High Society setzt sich plaudernd und schmausend zu ihnen. Denn nichts anderes als ein Titanentempel ist das Rockefeller Center in New York. Es ist Prometheus gewidmet, dem Titanen, der sich mit den Menschen gegen die Götter verbündete: Ein gewaltiger goldener Prometheus schmückt den Mittelpunkt des Centers, die Rockefeller Center Plaza. John D. Rockefeller junior, einmal der reichste Mann Amerikas, hat sein Glaubensbekenntnis in einer Inschrift bei dieser Statue verewigt. Es ist, gewollt oder ungewollt, eine Parodie auf das apostolische Glaubensbekenntnis geworden: „I believe in the supreme worth of the individual and his right to life, liberty and the pursuit of happiness." Ich glaube an - ja, an wen oder was wohl? An Gott Vater, Sohn und Heiligen Geist? Nein, das nicht! Vielmehr: Ich glaube an den höchsten Wert des Individuums und an sein Recht auf Leben, Freiheit und den Weg zum Glück.

Der Weg zum Glück führte die Amerikaner am 20. Juli 1969 auf den Mond. Im Tranquillity Park in Houston, der Stadt, in deren Nähe die NASA ihr Hauptquartier hat, wird diese Station auf dem Glücksweg überschwenglich gefeiert mit einer langen Inschrift auf einer grossen Marmorwand. Die Mondlandung sei 'man's oldest dream' gewesen. Der Text schliesst mit dem heissen Wunsch: "Mögen wir unseren Glauben an die Freiheit erneuern und uns erneut einsetzen für die Erreichung des einen Ziels, dass nämlich das Motto 'Ein kleiner Schritt für einen Menschen, ein Riesenschritt für die Menschheit' nur einen ersten Schritt auf dem Weg zur ewigen Bestimmung des Menschen darstellt: auf dem Weg zum Himmel selber."

Dieser Appell zur Himmelstürmerei findet ein Echo im Austellungspavillon der NASA: Von einem Ölbild strahlen dem Besucher die wohlgepflegten, ausgeruhten, lachenden Gesichter einer Astronautencrew entgegen. 'Jugend auf einem Sonntagsausflug', denkt man, heisst das Bild. Fehlgeraten. Es heisst: 'They touched the face of God', sie berührten das Antlitz Gottes.

Gewiss, hinter so viel unverblümter Selbstüberschätzung steckt eine grosse Dosis Kindlichkeit. Ihre entwaffnende Naivität, fand ich oft, machte die Amerikaner bei aller gelegentlichen Gespreiztheit im täglichen Umgang immer wieder liebenswert. Sie waren selber so gar nicht, was sie sich zuzumuten hatten, sie waren keine Helden, und schon gar keine Titanen. Das Normalformat, wenn sie Grosses leisteten, war etwa von dem Zuschnitt, den ihnen die 'New York Times' zubilligte. In einem Artikel über den 'Neuen Mann', der beispielsweise im Alleingang seine alleingelassene Kinderschar aufzieht, wurde diesem neuen Typ mit Wirklichkeitswert das Heldenprädikat zwar zuerkannt, aber eben, auf dem Olympischen Podest suchte man ihn vergeblich. „These men are unsung heroes, standing outside the spotlight", kommentierte die Zeitung: Diese Männer sind unbesungene Helden, die nicht im Scheinwerferlicht stehen.

Worte der Anerkennung für die alltägliche Pflichterfüllung: Sie erinnerten mich an eine vehemente Ab-
rechnung mit dem American Dream, die mir als Lan-
desfremdem in dieser Radikalität nicht zustünde. Der
amerikanische Dramatiker Arthur Miller, von dem
gerühmt wird, „he puts more of America onto the
stage than one would have thought possible", er
bringt mehr von Amerika auf die Bühne, als man für
möglich gehalten hätte, hat in seinem Drama 'Death
of a Salesman', Der Tod des Handelsreisenden, eine
eindrucksvolle Darstellung des amerikanischen Träu-
mers und Schwadroneurs geliefert. Der altgewordene
liebe Handelsreisende Willy, ein beruflicher und
menschlicher Versager, lebt nur noch von seinem
American Dream, von dem er felsenfest glaubt, sein
Sohn Biff werde ihn erfüllen. Dieser Traum ist ein
Pubertätstraum vom schnellen Geld und vom leichten
Ruhm. Wie ein junger Gott, sagt Willy, habe sein
Sohn Biff als Baseballstar in der Schülermannschaft
an der High School ausgesehen, wie Herkules. Aber
die zwölf Herkulestaten sind ausgeblieben. Trotzdem
klammert sich Willy weiterhin an jede Lüge, zu der
sich der mittlerweile 35 Jahre alt gewordene Biff
unter dem väterlichen Erwartungsdruck gezwungen
sieht. Dabei scheitert Biff am genau gleichen Übel,
das seinen Vater ihm gegenüber plagt: keiner von
beiden kann sich damit abfinden, dass der andere kein
Held ist. So wie für Willy Biff der Träger aller uner-
füllten Träume ist, so war für den High-School-Boy
Biff sein Vater das Muster aller Väter: Ihn hielt er für
gross, stark, einflussreich, populär, weil Willy in seiner Familie die Rolle des Helden spielte, obwohl er
beruflich nur bescheidenes Mittelmass war. Biff wird

an seinem Vater ebenso irre, wie Willy von Biff enttäuscht wird. Die Wahrheit über beide ist kümmer-
lich, aber nur Biff hat den Mut, sich ihr zu stellen.
Weil Biff endlich einsieht, dass sein Vater ihm mit
den falschen Erwartungen dauernd eine zu ihm pas-
sende Zukunft verunmöglicht, macht er sich verzwei-
felt von ihm frei und rechnet mit ihm ab: „You blew
me so full of hot air", schreit er den Vater an, „I
could never stand taking orders from anybody! Will
you take that phony dream and burn it, before some-
thing happens?" Willst Du endlich diesen Kitsch-
traum wegschmeissen und verbrennen, bevor etwas
passiert? Und nachdem etwas passiert ist - Willy hat
sich umgebracht und dabei dilettantisch versucht,
seinen Selbstmord als Unfall zu kaschieren, damit das
Geld für die Lebensversicherung seinem Sohn zum
Erfolg verhelfen soll, aber auch das ist missglückt -
sagt Biff kopfschüttelnd über den Toten: „Er hatte
die falschen Träume - lauter falsche." Und im Rück-
blick erkennt er den Grund, warum alles falsch lief:
„The man didn't know who he was" - er meint damit
seinen Vater. Er selber befreit sich vom väterlichen
Zwang, der Welt etwas vorzumachen; er kommt zur
Selbsterkenntnis: „I know who I am. I'm a dime a
dozen. I'm just what I am." Ich weiss, wer ich bin.
Ich bin ganz einfach Dutzendware. Ich bin nicht
mehr, als was ich eben bin. In dieser Aufforderung,
sich zum menschlichen Normalmass zu bekennen,
liegt Arthur Miller's Appell an den amerikanischen
Träumer. Er hat diesen Appell 1949 erlassen. 1992
fragte ich mich bei meinem Besuch in den USA, was
Miller's Botschaft in all den Jahren seither bewirkt
habe. Viel? Wenig? Nichts?

'Erkenne dich selbst' soll am Appollotempel in Delphi zu lesen gewesen sein, eine Aufforderung an den Menschen, der dort um Rat fragte. Viel ist in diesem Text bereits von Griechischem die Rede gewesen: von Olympischen Spielen, von Heroen, Göttern und Titanen, wenn es galt, den American Dream zu deuten. Und auch als es galt, über seinen Wert oder Unwert zu urteilen, nahm ich Zuflucht zu Griechischem, ist doch das Theater, das Miller zu seiner Untersuchung benutzte, eine griechische Erfindung. Ich bewegte mich, um Undeutliches zu verdeutlichen, im künstlichen Kreis klassischer Bildung. Ich will ihn zum Schluss verlassen und den gewöhnlichen Boden unseres Alltags betreten. Bin ich als gewöhnlicher Reisender im gewöhnlichen amerikanischen Leben auf Spuren des amerikanischen Traumes gestossen?

Es ist sicher ein Zufall, dass ich die deutlichste Spur ausgerechnet bei einem in Amerika niedergelassenen Griechen gefunden habe. Er hiess allerdings weder Aristoteles noch Sophokles noch Sokrates, sondern einfach John, und er war Besitzer eines schäbigen Fast-Food-Cafés in Baltimore. Ich frühstückte bei ihm. Es liess sich mit ihm mittelmeerisch leicht plaudern. Früher einmal habe er Kontorousis geheissen, erzählte er mir, während er mich bediente, und das sei Griechisch gewesen. Geboren sei er in Griechenland. Dort habe er Schiffsmaschinist gelernt und sei dann zur See gegangen. Eines Tages aber, in einem amerikanischen Hafen, war er vom Bazillus des American Dream leicht infiziert worden. Er wollte plötzlich, obwohl er es bereits zum ersten Maschinisten gebracht hatte, sich nicht nur selbständig machen, sondern auch seinen unterdessen heranwachsenden Kindern eine gute amerikanische Collegeausbildung sichern. Das war mehr, als ihm Griechenland bieten konnte, aber weniger als ein vom American Dream Befallener will. Der Teil von ihm, der trotz Umtaufe immer noch Kontorousis geblieben war, war auch seither immun geblieben. „Amerikaner", sagte er, sich dabei leicht an die Rückwand hinter der Selbstbedienungstheke lehnend, „machen einen Fehler." Und dann ergriff ihn das griechische Erbübel: Er begann zu philosophieren. „Man muss", sagte er langsam und gewichtig, als wäre es ein Lehrsatz, „man muss das bewundern, was man wirklich hat. Das ist das eigentliche Problem mit den USA: Es gibt hier zu vieles, was niemand bewundert. Wozu der American Dream? Man braucht hier nicht zu träumen, man muss nur sehen, was man hat."

Und damit wandte er sich einem anderen Gast zu. Ich aber wusste: Er hatte einmal Kontorousis geheissen. Jetzt hiess er Diogenes.

Durchs Nadelöhr

Das aus der Bibel stammende Sprichwort 'Geben ist seliger als Nehmen' ist in seinem Wortlaut, biblisch gesehen, unsinnig: Unmöglich kann die Bibel behaupten, Nehmen sei selig, bloss nicht ganz so selig wie Geben. Erst in der Bibelausgabe 'in heutigem Deutsch' bekommt der Satz Sinn. Er heisst dort: „Geben macht mehr Freude als Nehmen." Dass Nehmen Freude macht, zu dieser Aussage darf sich auch die Bibel bekennen. Heikler wird die Frage, ob es auch stimmt, dass Geben mehr Freude macht als Nehmen. Und, falls es stimmt, warum es stimmt. Bei der Art des Menschen, sich nur an Vorteilen zu freuen, nicht aber an Nachteilen, liegt der Verdacht nahe, Geben müsse mehr Vorteile bringen als Nehmen, und nur darum mache Geben mehr Freude.

Erinnert man sich in diesem Zusammenhang an die Stelle aus den Evangelien, auf die sich obiges Zitat, ein Satz des Apostels Paulus, beziehen könnte, so stellt man in der Tat fest, dass an dieser Stelle die Rede davon ist, Christus habe einem reichen Mann nicht weniger als das ewige Leben versprochen, wenn er, nebst von ihm bereits befolgten Geboten, all seinen Besitz hergebe. Das Geben sollte also einen Vorteil bringen, der begreiflicherweise mehr Freude machen konnte als der Besitz eines vergänglichen Lebens. Das Verlangen nach einem Handel kam dabei nicht Christus, sondern dem reichen Mann: Er wollte, wie er es von Geschäften gewohnt war, den Preis wissen, in diesem Fall den Preis für das ewige Leben. Und, was eigentlich erstaunen sollte, er fand den Preis zu hoch. Von Freude am Geben war bei ihm keine Spur zu finden. Worauf Christus kopfschüttelnd über den Unverstand bemerkte, dass ein Kamel leichter durch ein Nadelöhr komme als ein Reicher in den Himmel.

Trotz diesem entmutigenden Verdikt sind Reiche seither immer wieder bereit gewesen, zu geben, sogar verschwenderisch zu geben, wenn auch höchst selten alles. Hat es ihnen Freude gemacht? Mehr Freude, als wenn sie nehmen konnten? Wo lag der Vorteil, der ihnen mehr Freude machte, falls sich Freude einstellte? Vermiest einer, der so zwangsläufig nach dem Vorteil als einziger Quelle der Freude fragt, nicht den Menschen? Ist das nicht die Frage eines Misanthropen, eines Menschenfeindes? Muss jeder Reiche dem Reichen in den Evangelien gleichen? Oder wo möglich noch schlimmer sein und sich trotz Christi Absage mit blossen Anzahlungen schlau durchs Nadelöhr ins ewige Leben zwängen wollen? Ist jedes Angebot nur der Preis für eine vorteilhafte Gegenleistung? Wo liegt, um auf einen besonderen Fall zu kommen, der Grund für die vielen grossartigen Stiftungen in den USA, dort 'Foundations' genannt, und für das dort weitverbreitete und populäre Sponsoring?

Man ist versucht, auch in den USA als Triebkraft zum Geben menschlichen Egoismus zu vermuten. Sollen die Spenden beispielsweise den Vorteil bringen, dass das beim Nehmen eingehandelte schlechte Gewissen beruhigt werden kann? Einen solchen Fall kennt man als einen exemplarischen beim Dramatiker Ibsen, einem Norweger zwar, aber sind nicht viele Skandinavier nach USA ausgewandert? Und zudem: Mensch ist Mensch. Ibsen braucht in seinem Drama 'Gespenster' eine wohltätige Stiftung, sie heisst 'Hauptmann Alving-Stiftung', weil mit dieser guten Tat Alvings moralisches Lotterleben, das bis zu dessen Tod ängstlich vertuscht worden ist, weiter verdeckt und heimlich gesühnt werden soll. Aber Ibsen, von krankhaftem Geltungsdrang verfolgt, suchte sich gern, von den Menschen gekränkt, aus Rache das Miese und Muffige am Menschen aus. Er ist kein sicherer Kronzeuge, wenn erwiesen werden soll, dass Gebende auf ihren Vorteil aus sind.

Der Miesmacherei unverdächtig scheint mir dagegen jene gesprächige ältere Frau gewesen zu sein, die beim parkierten Wagen vor dem Gerichtsgebäude in Franklin, einer kleinen Landstadt in Pennsylvania, auf ihre Tochter wartete. Ich traf sie, als ich mir nach einer langen Autofahrt von Pittsburgh her die Füsse etwas vertreten wollte, und da Fussgänger überland in den USA selten sind, redete ich sie kommunikationsbedürftig an. Dass daraus ein Gespräch wurde, war ein Glücksfall. Es lag daran, dass sie sich in Franklin sicher fühlte. Sie war soeben von Miami, wo sie ihr Leben zumeist verbracht hatte, an den Ort ihrer Geburt und Jugend zurückgekehrt und fand hier alles vertrauenerweckend, im Unterschied zu Miami, vor dessen Verbrecherwelt sie einen wahren Horror hatte. Von Pittsburgh dagegen, auf das wir zu sprechen kamen, schwärmte sie. Es habe, dank den seinerzeitigen Schenkungen des steinreichen Carnegie, dessen Familie neben den Mellons die Schwerindustrie in Pittsburgh besass, den Namen 'City of Culture' getragen. Carnegie sei eben ein ganz anderer Typ gewesen als Rockefeller - sie meinte wohl den Gründer des Rockefeller Centers in New York. Rockefeller habe zuerst mit seinen Ellbogenschwüngen viele kleine Geschäfte kaputt gemacht und erst, als er das Elend selber angerichtet hatte, habe er Geld für Soziales gegeben, also die von ihm selber geschlagenen Wunden notdürftig zu verpflastern versucht. „Charity makes up for a lot of sins", sei sein eigener zynischer Kommentar gewesen: Wohltätigkeit macht viele Sünden wieder gut. Aber trotz allem habe es ihm nie zum Präsidenten gereicht, sagte die alte Dame schadenfreudig, womit sie andeutete, dass es noch eine höhere Gerechtigkeit gebe, die ihm das ewige Leben - amerikanischer Präsident zu sein, ist nicht mehr weit davon entfernt - trotz wohltätiger Anstrengungen nicht zuerkannt habe. Die Spendenfreudigkeit Andrew Carnegies dagegen, meinte die Dame, die auf ihn keinen Schatten fallen liess, sei selbstlos gewesen. War das zu glauben? Hatte er keine Sünden begangen, musste er nicht mit Geld versuchen, sie wieder gutzumachen?

Welche Macht, eine gute oder eine böse, spielte mir die Antwort auf diese Frage wenige Tage später in einem Artikel im 'Boston Sunday Globe', einer Bo-

stoner Sonntagszeitung, in die Finger? Der Artikel handelte zum hundertsten Jahrestag des schrecklichen Ereignisses vom Verzweiflungskampf der Gewerkschaftsarbeiter in den Carnegiewerken in Pittsburgh. An einem einzigen Tag wurden damals von den von Carnegie gedungenen Polizeikräften sieben Stahlarbeiter getötet und neun verwundet. Nach der Niederschlagung des Aufstands wurden die Löhne um die Hälfte gekürzt, die Arbeitszeiten auf zwölf Stunden pro Tag fixiert und fünfhundert Gewerkschaftsarbeiter entlassen. Ihre Stellen übernahmen Maschinen oder ungelernte Immigranten. Der Artikel schloss: „Mit der Sicherstellung uneingeschränkten Profits und absoluter Herrschaft beendeten Carnegie und Frick - sein Compagnon - eine Tradition der Zusammenarbeit, bei der die Arbeiter Profit, Verlust und Entscheidungen mitgetragen hatten. Sie leiteten ein Jahrhundert der Gegnerschaft zwischen Arbeitgeber und Arbeitnehmer ein, was heute viele schuld geben an Amerikas industriellem Niedergang."
Vor diesem Hintergrund fallen auf das von Andrew Carnegie gestiftete grossartige Kunstmuseum in Pittsburgh dunkle Schatten. Nur ist zu bedenken: Dunkle Schatten liegen auch auf Versailles, auf der Ermitage in St. Petersburg oder auf dem Prado in Madrid. Gibt es nichts Grosses ohne Schatten?

Grosse Donatoren gibt es in Amerika zu Hauf. Man kann mit Fug und Recht von einer langen Tradition des Sponsoring und der Foundations reden. Die Public Library in New York, eine der grossen Bibliotheken der Welt, geht auf die Schenkungen der Privatbibliotheken der Herren Astor, Lennos und Tilgen zurück; letzterer verfehlte die Präsidentschaft der USA um eine einzige Stimmme, sonst hätte er es geschafft, was Rockefeller nicht gelang: Zutritt zu erhalten zum Vorzimmer des ewigen Lebens. In der Public Library befindet sich die sogenannte Berg-Collection. Diese Berg-Collection ist eine exquisite Sammlung von Erstausgaben, Manuskripten und Briefen. Der Besucher bekommt daraus zusammengestellte Wechselausstellung zu sehen; bei mir füllte das Material, das über Walt Whitman aufgelegt war, einen grossen Saal. Die Collection war der Bibliothek vom Neurologen Berg vermacht worden. An den Unterhalt der Riesenbibliothek leistet die private Hand mehr als die Hälfte der fortlaufenden Kosten, der kleinere Rest sind Staatsbeiträge der City, des Staates New York und des Federal Government.

Die Kosten für das neue Gebäude der Firestone Library an der Universität Princeton, neben Harvard und Yale die dritte der berühmtesten Universitäten der USA, wurden von den sieben Abgangsklassen der Jahrgänge 1922 bis 29 gedeckt. Dem Besucher wird dies mit in Stein gemeisselten pathetischen Worten am Eingang zur Bibliothek verkündet: „This hall leading to the endless opportunities and challenges residing in books, is the joint gift of seven classes 1922/29."

Vergleichsweise bescheiden nimmt sich dagegen die Schenkung jenes Mannes aus, der 1718 einer damals vor kurzem gegründeten Universität 417 Bücher aus seiner Bibliothek schenkte. Er war Governor von Connecticut, hiess Elihu Yale und machte die Schenkung, weil er damit Aussicht darauf bekam, dass die Universität nach ihm Yale-Universität genannt werden würde. 417 Bände sind ein bescheidener Preis dafür, dass heute sein Name dank der Universität weltberühmt ist, wenn auch nicht er selber. Dass Amerika auf bescheidene materielle Anfänge zurückgeht, zeigt der Umstand, dass Yale's Bücherschenkung bis 1837 die grösste blieb, welche die Universität erhielt.

Kunstmuseen bestehen oft hauptsächlich aus Sammlungen privater Hand. So etwa das hervorragende Art Institute in Chicago, das unter anderem die kostbare 'Ed and Lindy Bergman-Collection' besitzt. Es hat den Donatoren dankbar die folgende Inschrift gewidmet: „It is thanks to those all-too-rare men and women like Ed and Lindy Bergman that the privately supported American museum, dedicated to a public purpose, is admired and envied around the world." Auf Deutsch: „Den allzu seltenen Menschen wie Ed und Lindy Bergman ist es zu verdanken, dass man uns für den Typ des privat unterstützten, der Öffentlichkeit zugänglichen amerikanischen Museums rings auf der Welt bewundert und darum beneidet."

Und da - der umherreisende fremde Besucher staunt zwar über diese Behauptung - und da selbst in Amerika Sponsoren und Donatoren allzu rar sein sollen, gehen amerikanische Museumsdirektoren intensiv auf die Suche nach ihnen. Wer findet, macht Karriere, wie der Aufstieg des Direktors des LACMA zeigt, des noch vor kurzem unbedeutenden Los Angeles County Museum of Art. Unter seiner zwölfjährigen

Leitung brachte er private Schenkungen im Wert von 209 Millionen Dollar zusammen, worauf er befördert wurde, indem man ihm die Führung der berühmten National Gallery of Art in Washington anvertraute. Die 'Los Angeles Times' brachte den Grund für diese Ernennung auf den Punkt: „Bestimmt war es nicht zuletzt dieser eindrucksvolle Rekord, was dem Wahlgremium ein zustimmendes Nicken ablockte." Der Fachausdruck für das Talent, private Gelder flüssig zu machen, heisst 'fund-raising ability'.

Es führte ins Weite, wollte ich auf all die Stiftungen, Schenkungen und Geldsammlungen eingehen, die es im sozialen Bereich gibt: Die Menge ist unabsehbar. Es muss genügen, wenn ich darauf hinweise, dass es in Amerika ein eindrucksvolles Denkmal von Jacob Epstein gibt - es steht am Eingang zum Philadelphia Museum of Arts - das 'Social Consciousness' heisst: das soziale Bewusstsein. Die Gruppe Barmherzigkeit übender Bronzefiguren ist nicht ein Appell für etwas, was es geben sollte; sie stellt nach meiner Erfahrung in Amerika Vorhandenes dar: das soziale Gewissen. Und das ist lobenswert, aus welchen Motiven auch immer geholfen wird und wieviel Reklame und Zurschaustellung dabei auch immer mitgeliefert werden. Sichtbares und lautes Wohltun gehört in Amerika durchaus zum guten Ton: Es steigert begreiflicherweise die Freude am Geben.

Selbst der kleine Spender darf darum mit namentlicher Anerkennung rechnen: Sein Name kann so gut wie der eines Carnegie oder Rockefeller publik gemacht werden. Es braucht nicht einmal Geld zu sein, was er gibt. Wenn es Zeit und Arbeit ist, genügt das auch. Im zauberhaften Klimatron des Botanischen Gartens von St. Louis, einer eine üppige Tropenvegetation überspannenden Kuppel, steht eine grüne Sitzbank. Darauf ist zu lesen: „In Honour of Lillian Herron Briggs, an enthusiastic garden volunteer 1990." Ein Denkmal also zu Ehren einer begeisterten Gartenhilfe. Bei Lillian Herron Briggs bin ich sicher, dass sie half, ohne nach einer Inschrift auf einer Gartenbank zu schielen, die ihr Andenken verlängern und ihr damit ein Stücklein auf dem Weg zu einem ewigen Leben sichern könnte.

Damit aber kommen wir zum Schluss der Geschichte vom reichen Mann aus der Bibel. Wir haben das Ende noch gar nicht erzählt. Christus wendet sich belehrend an seine wieder einmal verständnislosen Jünger und sagt: „Viele, die da sind die Ersten, werden die Letzten, und die Letzten werden die Ersten sein."

Frag nicht so viel

Mit Landschaftseindrücken ist es wie mit Krankheiten: Man kommt leicht dazu, weniger leicht wird man sie wieder los, wenn überhaupt. Denn manche behält man, vielleicht zum eigenen Schutz. Sähe man solche Landschaften nämlich wieder, man wäre wohl immun dagegen, und die Überwältigung, die uns beim ersten Male schutzlos traf, bliebe aus. Wir blieben davor bewahrt.

Vor einer eindrucksvollen neuen Landschaft dagegen findet Eigenartiges statt. Der Erwachsene verliert die Besinnung und erwacht in der Kindheit. Das Kind schlägt zwar die Augen auf, aber es sieht nur, was seine Phantasie sehen will.

Wenn man Angst bekommt, sich in sich selber zu verlieren, photographiert man. Man greift zur Kamera, zur Technik, dieser Ausgeburt der Angst, der panischen Angst vor der eigenen Phantasie, und man objektiviert die Landschaft, man macht sie zum Objekt. Sie lässt sich dann später am Tisch in Sicherheit betrachten, ein Beutestück, das man erlegt hat, eine Jagdtrophäe. „Schau", sagt man, „dies hier ist die Pazifikküste nördlich von San Francisco. Das geht tagelang so, ja, sehr schön, ganz toll." Und „Traumstrasse der Welt", sagt man, „weisst Du, die Nummer 1. Ein absolutes Muss, kein Reisebuch über die USA, das sie nicht anpreist. Im Guide Michelin wär's ein Dreisternerlebnis. Du könntest an jeder Strassenbiegung photographieren, bis zum Wahnsinn."

Wenn du Glück hast, du musst dazu allein sein, leider, setzt sich dann und wann die Erinnerung zu dir. Da braucht's keine Photographien. „Weisst Du noch?" fragt die Erinnerung. „Spürst Du es noch?"

Zaghaft, behutsam steigt man aus, aus der Gegenwart. Damals, an der Küste, stieg man ähnlich aus dem Wagen. War es zu glauben, was man sah? Ein Maimorgen war's. Früh, frisch, sechs Uhr vielleicht, jedenfalls war man noch nüchtern. Noch Schatten auf den gegen Westen abfallenden Berghängen rechts, links Himmel und Wasser, nichts als blau: der Pazifik. Und dazu viel kalter Wind, vom Land aufs Meer. Und da standest du und schautest. Und es fröstelte dich. Es war so viel Leere da. Du spürtest: Du warst ihr gleichgültig. Die Leere, sie war vor dir gewesen, so gut wie schon immer, und sie würde nach dir sein, noch lang, und dein Halt würde unbemerkt, würde spurlos bleiben.

Aus Sorge darüber vielleicht, bestimmt leicht bedrückt und weil du etwas tun musstest, holtest du den Rucksack aus dem Auto. Der kleine Aluminiumkocher am Rand des leeren Parkplatzes nahm sich neben der wuchtigen Eisenplanke, die den Platz gegen den Abgrund absperrte, mickerig aus. Aber er half mit seinem lächerlichen Schlückchen heissem Nescafé gegen die Unermesslichkeit.

Hinunter dann auf schmalem Kletterpfad zum Strand. Der Wind riss. Unten war ein weiches nassglänzendes Geschiebe aus pechschwarzen Steinkörnchen, eine Masse wie aus losem Sand, eine Fläche zwischen Fels und Wasser. Von da an barfuss, ein Waten mehr als ein Gehen. Hin zum Wasserrand, und schnell, so schnell als möglich eben in dem bodenlosen Geriesel, wieder zurück, wenn der Brandungsschaum hereinleckte. Etwas weiter draussen weisses Spritzen, Strudeln und donnerndes Tosen zwischen schwarzen Felsblöcken, und weit rechts eine fadendünne dunkle Linie, der nördliche Rand der Bucht.

Eine ausgewaschene Steinplatte bot Rast, eine Insel im Unzuverlässigen. Da sassest du, bald vom hereinpreschenden Wasser umspült, bald von den knirschend zurückfliessenden Kiesmassen - im Hin und Her. Deine Spur: ein paar unklare Vertiefungen eben noch, und nun schon verschwemmt.

Wenn ich beim Erzählen zu einem solchen Halt komme, wie hier, wo man nicht recht weiss, wie weiter, fragt meine dreijährige Enkelin immer erwartungsvoll: „Und dann?"
Ja, und dann? Dann habe ich eben ein Photo gemacht.
„Und dann?"
Nun, dann bin ich wieder weitergereist.
„Und dann?"
Frag nicht so viel, sag ich.

Immer nach Hause

„Wer kennt Fort Bragg?"

„Was heisst kennen?" fragt man zurück.

„Soll ich wissen, wo es liegt? Darf ich schon ja sagen, wenn ich bloss etwas darüber gehört oder gelesen habe? Auch wenn mir dabei, wie zumeist, nicht mehr als der Name in Erinnerung geblieben ist?"

Übrigens ein, man darf sicher sein, irreführender Name. Für Kinowildwestromantik hat auch Fort Bragg nichts getan, wie andere Orte, die Fort Irgendwie heissen. Trotzdem stellen wir es uns so vor, wie sein Name sagt: mit Palisadenzaun, Wachttürmen und Holzhäusern mit gedeckten Veranden davor. Und gerade das ist eben falsch. Und eben darum müssen wir zugeben: „Wir kennen Fort Bragg nicht." Die Frage muss anders gestellt werden.

„Wer kennt nur Fort Bragg?"

Denn auf die so gestellte Frage gibt es eine ganz klare Antwort. Man muss sie nämlich nur Henry vorlegen, dem Besitzer jenes Motels in Fort Bragg, bei dem ich für eine Nacht Unterkunft fand. Ich kam gerade von Miami her und hatte New Orleans gesehen, Los Angeles und San Francisco, Las Vegas auch, und dazu eine ganze Menge Landschaft. Im Augenblick hatten mich die überrissenen Hotelpreise von Mendocino, einem steifnoblen Badeort an der nordkalifornischen Pazifikküste, in das hochgelegene Fort Bragg hinaufgetrieben, wo eine Übernachtung zwar immer noch teuer war, aber doch erschwinglich.

Henry unterhielt sich kurz mit mir über meinen Herweg, fand ihn, weil ausschliesslich mit dem Auto zurückgelegt, selbst für Amerika eher ungewöhnlich und sagte dann, um auch etwas Ungewöhnliches zu bieten: „Well, hier gibt's alte Leute, die sind nie aus Fort Bragg hinausgekommen." Er fand offenbar, das sei die andere Sorte von Spinnern; ich war die eine.

Ich war also in Fort Bragg. Kenne ich es nun? Wenn man mich danach fragte, müsste ich sagen: „Es ist ein trostlos langweiliges Häusergestreusel links und rechts von einer breiten, schnurgeraden Durchgangsstrasse, mit den üblichen Tankstellen, Fast Food-Restaurants, Motels und Food Marts, ohne irgend etwas Besonderes. Ich benutzte es als Übernachtungsort und fuhr anderntags, erleichtert darüber, dass ich es hinter mir lassen konnte, davon.

Es gibt aber, wie Henry sagte, Leute dort, die es nicht hinter sich lassen. Es sei denn, zuallerletzt. Und wahrscheinlich nicht einmal dann erleichtert.

Aber gerade dieses 'zuallerletzt', diese unvermeidbare Reise, bringt mich auf den Gedanken: Reisende sind wir ja doch alle, ob wir bleiben, wo wir sind, oder ob wir uns bewegen: Wir sind unterwegs zum selben Ziel.

Mit dem gleichen Gedanken im Kopf hat vor bald zweihundert Jahren ein deutscher Dichter einmal die Frage gestellt: „Wo gehen wir denn hin?" Und die Antwort gegeben: „Immer nach Hause."

Ich finde diese beruhigende Antwort auch in einem Gedicht, das mein englischer Freund neulich geschrieben hat und das in einem Büchlein 'Reisenotizen' (Travel Notes) eben erschienen ist:

Manchmal scheint mir der Grund,
warum ich fortgehe, der zu sein,
dass ich nach Hause kommen kann.

Sometimes I think that coming home
Is really why I go away.

Literatur im Janus Verlag

Ingeborg Kaiser
Möblierte Zeit
Tagebuch und Erzählungen
ISBN 3-7185-0119-8

Jean- Marie Schelcher
... damit Du weisst, dass ich noch lebe
Briefe eines tapferen Elsässer Soldaten aus dem
Ersten Weltkrieg
ISBN 3-7185-0122-8

Margrit Bürgler
... und am Sonntag gibt's gebrannte Creme
Eine Jugend in der Innerschweiz
ISBN 3-7185-0121-X

Valentin Herzog
Bastarde der Wölfin
Lebenszeichen aus Rom
ISBN 3-7185-0118-X

Armin P. Barth
Im Netz der grünen Fledermaus
ISBN 3-7185-0142-2

May Klair
Selbst Elsa Winter hört mich nicht
ISBN 3-7185-0138-4

René Regenass
aufgebrochen
Jura-Geschichten & Objekte
ISBN 3-7185-0146-5

Hans Werthmüller
Zwischen Nochnicht und Nichtmehr
Gedichte aus drei Jahrzehnten
ISBN 3-7185-0137-6

Suzanne Feigel
... und dazwischen war es laut
... et dans l'intervalle le son grandit
Poesie
ISBN 3-7185-0148-1